SCIENCE

OUJIN KEPU DA KETANG

及科学知识，拓宽阅读视野，激发探索精神，培养科学热情。

一定要知道的 科学常识

Cr Mg Fe Se F
Zn Ca Na Cu

吉林出版集团
北方妇女儿童出版社

图书在版编目（CIP）数据

一定要知道的科学常识／李慕南，姜忠喆主编. —
长春：北方妇女儿童出版社，2012.5（2021.4重印）
（青少年爱科学. 走进科普大课堂）
ISBN 978－7－5385－6325－2

Ⅰ.①—… Ⅱ.①李… ②姜… Ⅲ.①科学知识－青
年读物②科学知识－少年读物 Ⅳ.①Z228.2

中国版本图书馆 CIP 数据核字（2012）第 061971 号

一定要知道的科学常识

出 版 人　李文学
主　　编　李慕南　姜忠喆
责任编辑　赵　凯
装帧设计　王　萍
出版发行　北方妇女儿童出版社
地　　址　长春市人民大街 4646 号 邮编 130021
　　　　　电话 0431－85662027
印　　刷　北京海德伟业印务有限公司
开　　本　690mm × 960mm　1/16
印　　张　12
字　　数　198 千字
版　　次　2012 年 5 月第 1 版
印　　次　2021 年 4 月第 2 次印刷
书　　号　ISBN 978－7－5385－6325－2
定　　价　27.80 元

前　　言

科学是人类进步的第一推动力,而科学知识的普及则是实现这一推动力的必由之路。在新的时代,社会的进步、科技的发展、人们生活水平的不断提高,为我们青少年的科普教育提供了新的契机。抓住这个契机,大力普及科学知识,传播科学精神,提高青少年的科学素质,是我们全社会的重要课题。

一、丛书宗旨

普及科学知识,拓宽阅读视野,激发探索精神,培养科学热情。

科学教育,是提高青少年素质的重要因素,是现代教育的核心,这不仅能使青少年获得生活和未来所需的知识与技能,更重要的是能使青少年获得科学思想、科学精神、科学态度及科学方法的熏陶和培养。

科学教育,让广大青少年树立这样一个牢固的信念:科学总是在寻求、发现和了解世界的新现象,研究和掌握新规律,它是创造性的,它又是在不懈地追求真理,需要我们不断地努力奋斗。

在新的世纪,随着高科技领域新技术的不断发展,为我们的科普教育提供了一个广阔的天地。纵观人类文明史的发展,科学技术的每一次重大突破,都会引起生产力的深刻变革和人类社会的巨大进步。随着科学技术日益渗透于经济发展和社会生活的各个领域,成为推动现代社会发展的最活跃因素,并且成为现代社会进步的决定性力量。发达国家经济的增长点、现代化的战争、通讯传媒事业的日益发达,处处都体现出高科技的威力,同时也迅速地改变着人们的传统观念,使得人们对于科学知识充满了强烈渴求。

基于以上原因,我们组织编写了这套《青少年爱科学》。

《青少年爱科学》从不同视角,多侧面、多层次、全方位地介绍了科普各领域的基础知识,具有很强的系统性、知识性,能够启迪思考,增加知识和开阔视野,激发青少年读者关心世界和热爱科学,培养青少年的探索和创新精神,让青少年读者不仅能够看到科学研究的轨迹与前沿,更能激发青少年读者的科学热情。

二、本辑综述

《青少年爱科学》拟定分为多辑陆续分批推出,此为第三辑《走进科普大课堂》，以"普及科学，领略科学"为立足点，共分为 10 册，分别为：

1.《时光奥秘》

2.《科学犯下的那些错》

3.《打出来的科学》

4.《不生病的秘密》

5.《千万别误解了科学》

6.《日常小事皆学问》

7.《神奇的发明》

8.《万物家史》

9.《一定要知道的科学常识》

10.《别小看了这些知识》

三、本书简介

本册《一定要知道的科学常识》特别重视趣味性与启迪性的结合，摒弃沉闷传统的说教文风，力求在生动有趣的氛围中由浅入深、循序渐进地叩响科学的大门，开启智慧的世界。当你正沐浴在温暖的阳光下，躺在藤椅上阅读本书时，你会思考这样的问题吗：为什么你能看到书上的文字呢？书上的文字是怎么来的呢？为什么你能躺在椅子上却不会摔倒在地呢？这些都是科学试图解答的问题。其实，科学不只局限在实验室内，还时刻发生在我们的身边。本书精选了数学、物理、化学、天文学、地球科学、生物学等方面的有关科学的话题，满足你的好奇心和求知欲，帮助你揭开科学的奥秘。

本套丛书将科学与知识结合起来，大到天文地理，小到生活琐事，都能告诉我们一个科学的道理，具有很强的可读性、启发性和知识性，是我们广大读者了解科技、增长知识、开阔视野、提高素质、激发探索和启迪智慧的良好科普读物，也是各级图书馆珍藏的最佳版本。

本丛书编纂出版，得到许多领导同志和前辈的关怀支持。同时，我们在编写过程中还程度不同地参阅吸收了有关方面提供的资料。在此，谨向所有关心和支持本书出版的领导、同志一并表示谢意。

由于时间短、经验少，本书在编写等方面可能有不足和错误，衷心希望各界读者批评指正。

本书编委会

2012 年 4 月

目　　录

一、太空遨游

二、地球漫步

三、气象万千

一、太空遨游

宇宙的形成

关于宇宙的起源，英国理论物理学家史蒂芬·霍金提出了宇宙大爆炸理论，他认为，在80亿~160亿年之前，所有的物质和能量，甚至是太空本身，全都集中在一点。当时发生了一次大爆炸，在几分钟内，宇宙的基本物质如氢和氦，开始出现，这些气体聚集成巨大的天体——星系。现在，宇宙似乎还在不断地扩大。星系中巨大的星族，也就是超星系团，正以令人惊异的速度奔离其他的星系团。如果大爆炸已经给了超星系团足够的能量，超星系团就会互相奔离，直到最后一颗恒星消亡。但如果它们的引力强大到足以使它们的速度减缓，甚至发生我们所称的"大坍缩"，那么，宇宙中的一切就会回归到大爆炸前的原点，也许还会出现另一次宇宙再生的循环。

宇宙大爆炸理论得到了众多宇宙学研究者的赞同，成为当今最有影响力的宇宙起源学说。

有限而无边的宇宙

我们知道，地球已是庞然大物，但是太阳的个头更是大得惊人，它的肚里可以容纳 130 万个地球。然而，太阳也只是银河系大家庭中的普通一员，银河系里有着千亿颗像太阳这样的恒星，要让跑得最快的物质——光，横穿银河系，至少也得花上 10 万年！银河系之外还有数不清的像银河系一样庞大的天体大家庭——河外星系。借助于越来越先进的天文望远镜，我们目前所能观测到的宇宙距离至少超过 100 亿光年！然而，我们观测到的宇宙也才只是真正宇宙的一部分。受到望远镜观测能力的限制，我们还看不到宇宙的全貌，还很难确定宇宙究竟有多大。如果我们把宇宙定义成物理上可以理解的时间和空间的总和，它并非无限大。但是这样一个有限的宇宙，我们却永远找不到它的尽头在哪里，所以我们说宇宙虽然有限但却无边。

黑　洞

　　黑洞很容易让人望文生义地想象成一个大黑窟窿，其实不然。所谓黑洞，就是这样一种天体：它的引力场是如此之强，就连光也不能逃脱出来。黑洞中隐匿着巨大的引力场，这种引力大到让任何东西，甚至连光都难逃黑洞的"手掌心"。黑洞不让其边界以内的任何事物被外界看见，这就是它被称为"黑洞"的缘故。

　　我们无法通过光的反射来观察它，只能通过受其影响的周围物体来间接了解黑洞。

　　据猜测，黑洞的产生过程类似于中子星和白矮星的产生过程。当一颗恒星衰老时，它的热核反应已经耗尽了中心的燃料（氢），由中心产生的能量已经不多了，这样，它再也没有足够的力量来承担起外壳巨大的重量，所以在外壳的重压之下，核心开始坍缩，直到最后形成体积小、密度大的星体，重新有能力与压力平衡。

　　质量小一些的恒星主要演化成白矮星，质量比较大的恒星则有可能形成中子星。根据科学家的计算，中子星的总质量不能大于3倍太阳的质量，如果超过了这个值，将再没有什么力能与自身重力相抗衡了，从而引发另一次大坍缩。这样，物质将不可阻挡地向着中心点进军，直至成为一个体积很小、密度极大的物体。而当它的半径一旦收缩到一定程度（一定小于史瓦西半径——任何具重力的质量之临界半径，与其质量成正比，如太阳的史瓦西半径约为3千米，地球的史瓦西半径只有约9毫米），巨大的引力就使得连光也无法向外射出，从而切断了恒星与外界的一切联系，这样黑洞诞生了。

黑洞分析

白　洞

　　白洞可以说是时间呈现反转的黑洞。进入黑洞的物质，最后应会从白洞出来，出现在另外一个宇宙，由于它具有和黑洞完全相反的性质，所以叫做白洞。它有一个封闭的边界，聚集在白洞内部的物质只可以向外运动，而不能向内部运动。白洞是一个强引力源，其外部引力性质与黑洞相同。白洞可以把它周围的物质吸积到边界上形成物质层。白洞学说主要用来解释一些高能天体现象。

暗　物　质

　　宇宙间有许多既看不到也感觉不到的物质，它们就是所谓的暗物质。暗物质在宇宙的组成成分中占24%。不过，如今科学家们仍不十分清楚暗物质究竟是什么东西，只是提出了各种各样的猜测和预言。目前比较流行的看法是，暗物质可能是某种或某些相互作用极弱的重粒子。在已知的粒子中，最有可能是暗物质的是微中子。这种粒子的相互作用很弱，可以穿越地球，而且数量很多，按照宇宙学的理论，平均每立方厘米中约有100个微中子。

反物质世界

1996 年，欧洲核子研究所（CERN）制造出 9 颗反氢原子，成为轰动全球的科技大新闻。这使人联想到，我们的宇宙可能存在反物质世界。反物质世界听起来很奇怪，其实不然。在亚原子粒子中，每个粒子皆有其反粒子为伴，两者的性质正好相反，如电子带一负电荷，反电子则带一正电荷（故又称正电子），两者的旋转方向也相反。两者间的关系可谓古怪，它们一旦相碰即行消失（称湮灭），而化成一阵 γ 射线暴。若宇宙中始终存在反粒子，那么它们势必会组成反原子，继而积聚成反星球、反星系。

可是，在我们居住的宇宙小小角落里，却从来没有人探测到反星球、反星系。直接观测反星体十分困难，因为原子和反原子所辐射出的皆为光子，这样，反星球的外貌看起来跟一般星球并无二致。一个间接观测反星体的办法是观测湮灭 r 辐射。若我们近旁（如银河系内）有反物质存在，由于星球会发生爆炸，其包藏物质被甩入星际空间，成为周围星球相互交换的物质，这样，物质和反物质势必不时发生碰撞，而产生湮灭信号。但是到目前为止，天文界还一直未观测到这种信号。

太空中的重力

太空中是有重力的。在地球上，物体质量所产生的重力，作用在与地面接触的物体上，我们称之为重量。太空中运行的物体仍然有质量，这样就会产生自身的重力区。在太空中所有具有大质量的星体，像太阳、地球和其他行星，都是有地心引力的。在太空中运行的物体所出现的失重，并不是地心引力作用不存在，而是重力作用对它的作用消失。一旦有了阻力，如大气阻力、发动机动力、旋转产生的离心加速度等等，失重现象就不见了。

星　座

在古代，阿拉伯有一群牧羊人，他们每天放牧归来，都已经是伸手不见五指的黑夜了。晚上，他们没有什么事情可做，只有望着天空欣赏美丽的星星了。于是，他们就凭着自己的想象把靠近的几颗星星连接起来，根据形状编出很多名字，这样就产生了星座的名字。

后来，这些星座的名字传到了希腊。希腊人结合本国的传说编出了许多神话故事，进一步丰富了星座。当时，总共有48个星座。到了近代，西方又增加了一些新的星座和神话故事。后来，国际天文学联合会决定，把天空的星星划分为88个星座。它们分别在春夏秋冬四个季节轮流出现在夜空。

星　云

很多人都以为星云是云，其实不然。星云是宇宙中的尘埃和气体，有人将星系、各种星团及宇宙空间中各种各样的尘埃和气体统称为星云。星云通常分为尘埃星云和暗星云，它们的主要成分都是氢气。尘埃星云，仅仅靠反射附近恒星的光被人们看到，而暗星云，由于恒星发出的光来自它们的背后，因此它们看上去显得很"黑暗"。

行星为什么夏天多冬天少

我们在地球上能看到的行星，几乎都是银河系中的行星。整个银河系里约有一两千亿颗星星，它们分布在一个像荷包蛋形状的空间里，中央比周围的星星多很多。而地球处于银河系的边缘，当我们向银河系的中心方向看的时候，就会看到特别多的星星，如果我们向银河系边缘的方向看的时候，就只能看到银河系边缘的星星，这样看到的星星就相对少一些了。

地球每年绕太阳公转一周，夏天的时候，地球转到太阳与银河系中心之间，银河系星星密集的部分正好出现在夜空之中，因此看上去星星就特别多；冬天，地球转到太阳与银河系中心的另一侧，这样出现在夜空之中的星星就只是银河系边缘地带的星星了，因此看到的星星就少了一些。

会"眨眼睛"的星星

当我们仰望星空的时候，会发现许多星星都会"眨眼睛"，这是为什么呢？这是因为夜空中闪烁的星星大多都是会发光发热的恒星，由于离地球遥远，我们只能看到一个小光点。这些微弱的光，在到达地球之前，要穿过地球周围的大气层。大气层里的空气总是流动的，使星光产生了折射，不停地改变着星光前进的方向，因此，我们看起来就像是它们在抖动，不停地"眨眼睛"。

星星的亮度等级

天空中，星星的亮度是不一样的，于是古希腊的天文学家喜帕恰斯把用肉眼能看到的星星分为 6 个等级，最亮的星星是一等星，以此类推，勉强能看见的星星是六等星。

后来，英国天文学家赫歇尔发现，一等星大约比六等星亮 100 倍，这就是说，星星的各等级之间亮暗程度相差 2.5 倍，比如一等星的亮度是二等星的 2.5 倍。

最亮的星星

夜空中最亮的星星是金星。金星距离地球 400 万千米，是距离地球最近的太阳系行星。它的周围蒙着一层又厚又浓的大气层，里面的主要成分是二氧化碳和水蒸气，还有少量的氧和氮。二氧化碳和水蒸气这两种成分使它对太阳光具有较强的反射能力，能把射在上面的 75% 的太阳光反射出来。因此金星特别亮。

寻找北极星

北极星是北天极的标志，但是怎么样才能又快又准确的找到它呢？办法很简单。我们可以通过北斗七星来找到北极星。北斗七星像一把勺子，寻找北极星的时候，通过勺口边上的两颗星的连线，朝勺口方向延长约 5 倍，那里有一颗较亮的星层，它就是北极星。

七夕牛郎会织女

我国的农历七月初七，是传说中牛郎织女一年一度在银河鹊桥相会的日子。如何在夜空中寻找留下千古佳话的"牛郎"与"织女"呢？

在天文学上，牛郎星的中文名为河鼓二，而织女星称为织女一，它们分别是天鹰座和天琴座的亮星。农历七月初七夜，仰头静望，在头顶附近，银河中间与两边有 3 颗明亮的星星，其中最亮的一颗呈青白色，它在银河西北边，这就是织女星。织女星的下方有 4 颗较暗的星，组成小小的平行四边形，它们就是神话传说中织女编织的美丽云霞和彩虹的梭子。另一颗亮星在织女星的南偏东，即银河的东南边，它就是晶莹四射的牛郎星。牛郎星是颗微黄色的亮星，在它两边的两颗小星叫扁担星，它就是传说中牛郎挑着的一对儿女。

天文专家表示，理论上说，"牛郎"与"织女"的"相会"是非常困难的。根据现代天文观测及测算结果，牛郎和织女这对有情人相距 16 光年（1 光年约等于 10 万亿千米），即使牛郎给织女打个电话，织女也要等到 16 年后才能听到。纵使牛郎有孙悟空那样的本领，一个跟头能翻十万八千里，每天翻一千个跟头，也得花几千年的时间。因此说，牛郎织女每年七夕相会，只不过是人们善良而美好的愿望而已。

星球球体之谜

　　星球包括恒星和行星。恒星的表面有极高的温度，使其所有的物质都呈气体状态，而气体的扩散在各个方向都相同，范围也大致相等，同时各部分的气体都受到万有引力的控制，所以在这些力量取得平衡的情况下，它的外形必定是圆的。行星自己是不会发光发热的，它是个坚硬的固体球，只不过在它刚形成的时候，也是炽热的熔化物质，由于它在自转，所以在长久以后它的形状就变为球体或是扁球体了。

太阳系行星

不同的季节，星星在天上的位置不一样

　　我们在夜晚观看星空时，按照不同季节及个别星座升上中天的时刻，可以将88个星座粗略分为4组，分别是春季星座、夏季星座、秋季星座及冬季星座。为什么会有春夏秋冬四季星空的变化呢？这主要是因为当地球环绕太阳公转时，背对太阳那面就是我们当晚当季可以看到的星空。随着地球绕着太阳公转逐渐改变位置，我们所看到的星空也就慢慢有所变化了。

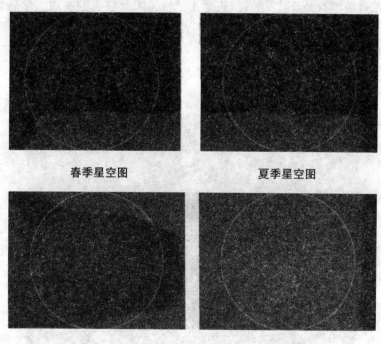

春季星空图　　　　　　　　夏季星空图

秋季星空图　　　　　　　　冬季星空图

新　星

　　如果你是一位天文爱好者，并且常常观察星空，同时又很幸运，那么你也许会发现天空中突然出现一颗从未见过的星星，这就是一颗新星，我们祖先称其为客星。客者，陌生的客人也。客星，当然不是从别处来访的"客人"，新星当然也不是新诞生的星星。只是由于这颗星星以前一直很暗，它混在满天繁星之中，未被人们发现，而由于某种原因，它突然爆发增亮，在几天之内就可以增亮成千上万倍，甚至几亿倍，因此被人们发现。然后它又慢慢暗下去，一直恢复到爆发前的状态，人们又看不见它了，再过多少年之后，它还会再次爆发。

超新星 1987A 爆发前后图，图中箭头处的较亮恒星并不意味着超新新星的前身

银河系是一条"流动的河"

　　银河系并不是一个单独的固定的天体，并不是一直以同样的速度自转，它的速度受到引力的影响。在恒星分布稀疏的银河系外部边缘，恒星以及其他的一些物质随较小的引力，缓慢地围绕银河系运行。在银河系中间的隆起部分，恒星随来自四面八方的引力运行，因此一般运行的速度要更慢一些。而处于银河系中心恒星密集地区与银河系边缘之间的天体，受着来自中心的数十亿恒星的引力，因此会以每秒 250 千米的速度在太空中穿梭。所以，我们说银河系是一条"流动的河"。

银河系

互相吞并的星系

星系在宇宙中是一直向外高速膨胀的。在星系团内，星系的空间密度比较高，星系间的距离约为星系直径的 10～1000 倍。在引力的作用下，星系可以在几亿年的时间内移动相当于本身直径那么大的距离。因此，星系的碰撞是不可避免的。在碰撞的过程中，激烈的爆炸会形成几百万颗新恒星，所以现在有相当多的天文学家认为，大部分较大的椭圆星系就是由两个质量相当的漩涡星系相互吞并而形成的。

仙女座星系

星际空间是真空的吗？

我们通常认为宇宙空间是一无所有的、黑暗寂静的真空，其实这不完全对。恒星之间广阔无垠的空间也许是寂静的，但远不是真正的"真空"，而是存在着各种各样的物质。这些物质包括星际气体、尘埃和粒子流等，人们把它们叫做"星际物质"。星际物质与天体的演化有着密切的联系。观测证实，星际气体主要由氢和氦两种元素构成，这跟恒星的成分是一样的。人们甚至猜想，恒星是由星际气体"凝结"而成的。星际物质在宇宙空间的分布并不均匀。在引力作用下，某些地方的气体和尘埃可能相互吸引而密集起来，形成云雾状。人们形象地把它们叫做"星云"。

猎户座大星云

恒星会发光，行星却不会

这是 100 年来天文学上的疑谜，到了最近几十年科学家们才得到正确的答案。本世纪初，物理学家爱因斯坦根据他的相对论推出了质量和能量关系式，帮助天文学家解决了"恒星为什么会发光"这个问题。原来，恒星内部由于温度高达 1000 万℃以上，使那里的物质产生热核反应，由 4 个氢原子核聚变成为 1 个氦原子核，释放出巨大的能量。于是，这能量由内传到外，以辐射的方式，从恒星表面发射至空间，以维持它不断的光辉，使它们长期闪闪发光。而行星由于质量比恒星小得多（质量最大的木星还不到太阳质量的千分之一），从引力收缩而得到的能量，不能使内部温度高到发生热核反应的程度，所以表面温度远低于恒星，因此它们也就不会自己发光了。

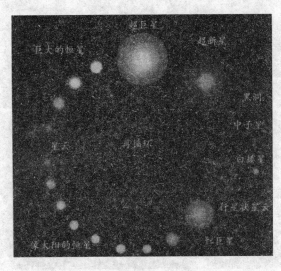

宇宙恒星演化示意图

流星雨

　　在各种有趣的天文现象中，流星雨现象是极为美丽、壮观的。当它出现时，千万颗流星像一条条闪光的丝带划过夜空，非常漂亮。那么，流星雨到底是怎么形成的呢？原来，在太阳系中，除了行星、卫星和彗星外，还存在着许多尘埃、冰团、星体碎片等物质。这些在太阳系的空间中游散的物质叫流星体。当流星体经过地球附近，偶尔飞速穿过地球大气层时，会产生摩擦，由此产生热量燃烧起来，所以看上去就像星星从天上掉了下来。有些大块的，没有燃烧完，就落到了地上成了陨石或陨铁。当流星体在几小时或几天的时间内数量显著增加时，就会形成许多的流星，有时甚至像下雨一样，人们就将这种现象就称为"流星雨"了。

狮子座流星雨

彗星撞地球

　　彗星撞击地球的可能性是存在的。太阳系中彗星众多，完全有可能撞上地球。不过人们大可不必惊慌，因为发生这种相撞的可能性是微乎其微的。根据测算，地球撞上彗星主体的概率相当低，几十万乃至几百万年也许才会有一次。虽然如此，天文学家对这个问题仍然十分重视。例如，美国有一个近地小行星搜索计划，目的是监测近地小行星和彗星，预防它们与地球相撞。现代科学技术高度发达，一旦发现有彗星将与地球相撞，也可以发射飞船并携带核弹予以摧毁，以设法改变它的运行轨道，避免与地球相撞。

太阳系彗星运行示意图

拖着长尾巴的彗星

我们看到的彗星总是拖着一条长长的尾巴，它的尾巴是如何形成的呢？彗星的主体是彗核，彗星的质量大多集中于彗核。当彗核靠近太阳时，就会受太阳热的烘烤，从而被太阳热蒸发出气体及尘埃。这些气体及尘埃全包在彗核的外面形成彗发。当它进一步靠近太阳时，因为太阳光的热量以及压力增大，会把彗发中的气体以及尘埃推向后方，从而形成一条形状像扫帚一样的尾巴——彗尾。彗星越靠近太阳，彗尾就会越长，通常有5000万~2亿千米，最长的可以达到3.5亿千米。

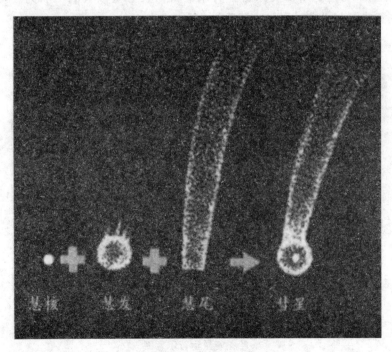

彗星组成部分示意图

准时回归的哈雷彗星

1682 年，夜空中出现了一颗样子十分奇怪、特别大、光亮异常的彗星，这颗彗星引起了与牛顿同时代的英国天文学家哈雷的极大兴趣。他计算出，这颗彗星是围绕太阳运行的一个天体，轨道呈椭圆形。最令人兴奋的是，他发现这颗彗星每隔 76 年就要光临太阳系一次，并因此大胆推想：1682 年的大彗星也就是 1531 年和 1607 年出现过的大彗星。他还进一步做出了科学的预言：76 年以后，也就是 1758 年，曾在 1682 年出现的大彗星，将再次出现于天空。临近 1758 年岁末，虽然哈雷本人早已不在人世，然而在圣诞之夜，那颗大彗星却应验了哈雷的预言。所以，那颗大彗星被人们命名为"哈雷彗星"，又被称为"准时回归的彗星"。

哈雷彗星运行示意图

日食和月食

　　月球绕着地球旋转，同时，地球又带着月球绕太阳旋转。日食和月食就是由于这两种运动所产生的结果。当月球转到地球和太阳中间，而且这三个天体处在一条直线或近于一条直线的情况下，月球挡住了太阳光，就发生了日食。当月球转到地球背着太阳的一面，而且这三个天体处在一条直线或近于一条直线的情况下，地球挡住了太阳光，就发生了月食。由于观测者在地球上的位置不同和月球到地球距离的不同，所看到的日食和月食情况也不同。日食有全食、环食、全环食和偏食，月食有全食和偏食。每次发生月食时，半个地球上的人都能看到，而发生日食时，只有处在比较狭窄的地带内的人们才能看到。

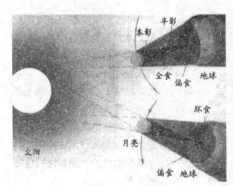

日食示意图

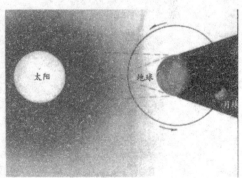

月食示意图

太阳的光和热

很早以前，人们就在思索：太阳所发出的巨大能量是从什么地方来的呢？1938 年，人们发现了原子核反应，终于解开了太阳能源之谜。原来，太阳所发出的惊人能量，实际上是来自原子核的内部。在太阳上含有极为丰富的氢元素，在太阳中心的高温（1500 万℃）、高压条件下，这些氢原子核互相作用，结合成氦原子核，同时释放出大量的光和热。在太阳内部进行着的氢转变为氦的热核反应，是太阳巨大能量的源泉。这种热核反应所消耗的氢，在太阳上极为丰富。太阳上贮藏的氢至少还可以供给太阳继续像现在这样辉煌地闪耀 50 亿年！即使太阳上的氢全部燃烧完毕，也还会有别种热核反应继续发生，使太阳继续发射出它的巨大能量！

太阳"死亡"之谜

　　太阳今天的年龄已有近50亿岁了。我们知道，太阳是通过热核巨变，靠燃烧集中于它核心处的大量氢元素而发光、发热的，它平均每秒钟要消耗掉600万吨氢。太阳中储备的氢元素，还可以供太阳像这样继续燃烧50亿年，那50亿年后，太阳会怎么样呢？到那时，太阳的温度可高达1亿多摄氏度，其内部会导致氦聚变的发生。接着太阳很快便会极度膨胀，进入所谓的"红巨星"阶段。它的光亮度将增至如今的100倍，并把靠它最近的行星如水星、金星吞噬掉。地球也会变得越来越热，甚至也会被极度膨胀的太阳所吞没。那时，地球上的生命将无法继续生存。随着时间的推移，太阳会越来越快地耗尽它的全部核能燃料，步入"风烛残年"，逐渐塌缩成为一颗黯淡的白矮星。最后，在万有引力作用下，太阳再次收缩，成为一个无光无热的褐矮星，黯然消失在茫茫的宇宙深处，结束它辉煌而平凡的一生。当太阳消亡之时，地球早已不复存在。到那时，有着高度文明的人类也许会通过星际航行，早已在银河系的另一处建起了自己美好的新家园。

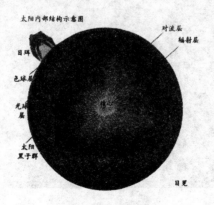

太阳内部结构示意图

太阳风是太阳刮的"风"吗？

一般情况下，我们把太阳大气分为 6 层，由内往外依次命名为：日核、辐射区、对流层、光球、色球、日冕。日冕位于太阳的最外层，属于太阳的外层大气。太阳风就是在这里形成并发射出去的。

通过人造卫星和宇宙空间探测器拍摄的照片，我们可以发现在日冕上长期存在着一些长条形的大尺度的黑暗区域。这些区域的 X 射线强度比其他区域要低得多，从表面上看就像日冕上的一些洞，我们形象地称之为"冕洞"。

冕洞是太阳磁场的开放区域，这里的磁力线向宇宙空间扩散，大量的等离子体顺着磁力线跑出去，形成高速运动的粒子流。粒子流在冕洞底部速度为每秒 16 千米左右，当到达地球轨道附近时，速度可达每秒 800 千米以上。这种高速运动的等离子体流也就是我们所说的"太阳风"。太阳风从冕洞喷发而出后，夹带着被裹挟在其中的太阳磁场向太阳四周迅速吹散。现在我们肯定，太阳风至少可以吹遍整个太阳系。

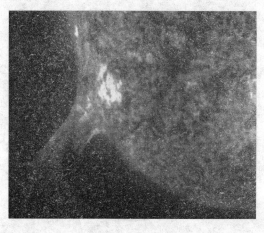

太阳风

太阳黑斑

用一块黑色玻璃对着太阳看，可以看到在光辉璀璨的太阳表面有时会出现一些黑色的斑点，这就是太阳黑子。

太阳黑子是怎样形成的呢？太阳表面温度为6000℃，中心温度高达1500万℃以上；太阳表面密度很小，只有水的100亿分之一，而它的中心的密度却很大，为水的110倍。这种内外的温度和密度巨大差异，引起了太阳物质的大规模运动。黑子就是太阳物质运动的一种表现。

经过长期观测发现，太阳上的黑子数目，在有些年份较多，有些年份较少。黑子数目的变化具有周期性，大约每隔11年出现一次高峰。太阳黑子出现的多少，反映了太阳物质活动的强弱。

太阳物质活动的变化，会对地球环境和地球上的生物产生不可避免的影响。太阳黑子的大爆发会干扰地球磁场，给航天、通信、导航定位、电网以及现代军事活动带来严重危害和巨大损失。黑子大爆发还会使大气层上方出现的臭氧量激增。增加的臭氧要吸收比正常量更多的太阳热量，使气温、气压和大气环流发生变化，形成恶劣的天气。有科学家说，太阳黑子的"顽皮行为"很可能是导致"厄尔尼诺现象"等全球性气候反常现象的原因。

太阳黑子

早晨的太阳为什么是扁圆的？

由于地球引力的作用，大气层中的空气的密度是不均匀的，越接近地面密度越大。中午，太阳在天顶时，光线从垂直方向射向大气层，几乎不发生折射现象。而早晨的太阳光是斜着通过密度不均的大气层的，因此会产生明显的折射现象。这种折射越接近地面越强，因而，从太阳这个巨大火球下部边缘射来的光线比它上部边缘射来的光线折射得厉害，下缘也就比上缘抬高得更明显一些。根据测算，这种折射可使太阳的垂直方向比水平方向缩短约1/5，于是，早上我们看到太阳的"脸蛋儿"成了扁圆形的了。

太阳系 8 大行星和月球

早晨的太阳比中午的大

生活中我们都有这样一种感觉：早晨或傍晚的太阳看起来比中午的要大一些。这是什么原因呢？原来，我们的眼睛在观察物体时，感觉到的大小不仅取决于物体本身的实际大小，还受距离远近、背景衬托以及物体本身的亮度等诸多因素的影响。

早晨，太阳刚从地平线升起，由于地平线离我们很远，远处背景中的树木、房屋小得使人看不清楚，太阳在这个背景下升起在地平线上，看起来就显得很大；而中午太阳高挂在广阔的天空，和大地上近处高大的树木和房屋比较，就显得很小。

另外，由于早晨的太阳位置低，我们观察太阳时眼睛是平视的，这时，眼球中的晶状体保持在正常的状态，凸起程度较小，焦距较大，太阳透过晶状体在视网膜上成的像也较大。而中午我们观察太阳时需要抬头仰视，由于受头颈弯曲程度的限制，太阳光不能直射进入眼睛，我们看太阳是斜视的。为在视网膜上得到清晰的像，晶状体便会不由自主地凸起来，使其焦距变小，在视网膜上所成的像也会变小些，所以仰视时会觉得太阳小些。

太阳系中只有地球上有生命

　　我们知道，生物的进化是从低等到高等、从水生到陆生、从单细胞到多细胞逐步进化而来的。产生生命的先决条件就是：必须具备从无机物到有机物、从有机物到大分子结构有机物、从大分子结构有机物到生命形成的各种各样的条件，并且产生生命以后还要有生命可以生存的环境。

　　在九大行星之中，只有地球才符合这样的条件。我们只要分析与地球最相近的两颗行星——金星和火星，就可以说明这个问题。金星要比地球靠近太阳，由于这个原因，它的表面温度达到了450℃之上，即使在夜晚，金星的温度也足以把岩石烧至熔化。在这种环境中，生命肯定不可能产生和生存。至于火星，它比地球离太阳远，所以表面温度比地球低得多。虽然火星午间的温度为30℃，晚间为零下150℃，似乎可以适合生命存在，但是火星上没有水，而水又是生命赖以生存的物质，所以火星上也无法产生生命。因此，科学家们把金星和火星运行的轨道之间的区域，称为"太阳系的生命圈"。所以说，我们的地球是一个"幸运儿"，它有着得天独厚的条件，使生命能够在这里繁衍生存。

向一个方向转动的太阳系天体

太阳系中，几乎所有天体都按照右手定则的规律自转，其公转也都是右手定则，为什么呢？太阳系的前身是一团密云，受某种力量驱使，它彼此相吸，这个吸积过程，使密度逐渐变大，进一步加速吸积过程。这使得这团气体逐渐向扁平状发展，在发展的过程中，势能变成动能，最终整个转起来了。开始转时，有这么转的，也有那么转的，在某一个方向占上风之后，就都变成了一个方向，这个方向就是现在发现的右手定则。也许有其他太阳系是左手定则，但在我们这个太阳系是右手定则。地球自转的能量来源就是由物质势能最后变成动能所致，最终是地球一方面公转，一方面自转。

太阳系

水星为什么没有大气层?

　　水星是距离太阳最近的行星，按88天的周期绕太阳一周。由于它比地球距太阳近得多，所以，在水星上看到的太阳大小是地球上看到的太阳大小的2~3倍，光线也增强10倍左右。白天，水星表面温度可达430℃。由于水星引力小，表面温度高，很难保持住大气，所以表面仅存有少量大气。而大气的缺乏则使其在夜间很快变冷，温度可下降至零下160℃。除温差变化大以外，水星还常与接近太阳附近的陨星及来自太阳的微粒相撞，所以表面粗糙不堪。人们只能在傍晚或黎明的时候，在稍有亮度的低空中才能看到水星，所以在大城市人们很难看见它。

水星

启明星和长庚星

　　古时候，人们观察到傍晚太阳落山后，西边天空会出现一颗星，黎明时东方天空也有一颗星，人们分别叫它们为"长庚星"和"启明星"。古代的人们不知道它们实际上是同一颗星——金星。

　　金星是太阳系的内行星。从地球上看，它永远在太阳的不远处运行，是我们在天空中看到的最明亮的星星之一。当它在傍晚太阳落山后出现的时候，就叫它"长庚星"，取其长夜即将来临之意；而当它清晨太阳升起前出现的时候，就叫它"启明星"，取其光明即将出现之意。

金星表面温度高

金星的最显著特征是看起来特别明亮。由于金星与地球的大小、质量、密度都差不多，也有一层稠密的大气，所以，人们一直把金星看成地球的"孪生姐妹"。

根据科学家的研究，金星表面温度达477℃，这样的高温足以使诸如铅锡之类的金属熔化，而且即使是在金星深夜的两极地区，那儿的高温照样会把岩石烧得灼热滚烫。金星上的温度为什么特别高呢？

首先，金星比地球离太阳要近些，因此它得到的太阳光和热更多，其表面被晒热得更快。其次，金星大气中的二氧化碳以及浓云，有这么一个特性：允许太阳光通过，照到金星表面，使金星表面变得很热。但是却不允许反射的热量透过并散发到太空中去。正是由于以上原因，金星上形成了很高的温度。

金星

火星上有生命吗?

多年以来,人们一直认为火星上可能存在着生命。20世纪60年代中期以来,美国和苏联都相继发射宇宙飞船,对火星进行考察。

从飞船考察的情况来看,火星表面很像月球,上面有一万多个大大小小的环形山。在火星的大气中,含有形成生命不可缺少的基本元素:碳、氢、氧、氮以及水蒸气。据美国天文学家宣布,火星上有两个地区水分比较充足。美国的火星探测器也证实,这两个地区的水蒸气比火星上其他地方要多10到15倍,地球上许多生物能够在这种条件下生存。人们猜测,这两个地区很可能有生命的存在。

有人根据火星上的大气构成、火星表面有弯曲的河床地形等推测,火星过去可能存在高级生命。美国宇航局曾宣布了一个惊人的消息,说他们从宇宙飞船发回的照片中,发现在火星上有三角形的"怪物",并且,这些"怪物"会移动。这一发现引起了人们的极大兴趣。当然,至于火星上到底有没有生命,还有待科学家的进一步研究。

火星

被称为"小太阳系"的木星

木星是太阳系中一个不寻常的"大家族",除了具有许多奇异的特征之外,还拥有许多卫星。到目前为止,天文学家已发现它有 16 颗卫星。

1610 年,意大利天文学家伽利略用自制的望远镜,发现了木卫一、木卫二、木卫三和木卫四。后来这 4 颗卫星被称为伽利略卫星。这 4 颗伽利略卫星的质量都比冥王星大,其中木卫三是太阳系中最大的卫星,直径超过水星。

4 颗伽利略卫星的轨道内部,又有 4 颗木星卫星,它们分别是木卫十六、木卫十五、木卫五、木卫十四,其中木卫十六是离木星最近的卫星。

从伽利略卫星向外,按距离依次为木卫十三、木卫六、木卫十和木卫七,它们绕木星顺向旋转,周期为 260 天左右。再向外,依次为木卫十二、木卫十一、木卫八和木卫九,它们逆向旋转,周期为 700 天左右。

由于木星拥有这么多的卫星,所以人们形象地把它称为"小太阳系"。

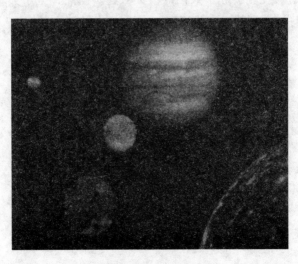

木星及其四个卫星图

木星红斑之谜

木星的南半球有一块大大的红斑，形状就像鸡蛋，宽1万多米，长2万多米，颜色通常呈红略带棕色，但有时候也呈鲜红色或玫瑰色。这些红斑是什么呢？

美国的科学家研究发现，在木星的大气层里，漂浮着五颜六色的云，大红斑就是这些云层构成的，它只是木星云层中特大的旋转上升气流。由于大红斑含有磷质，所以看起来呈现红略带棕色。

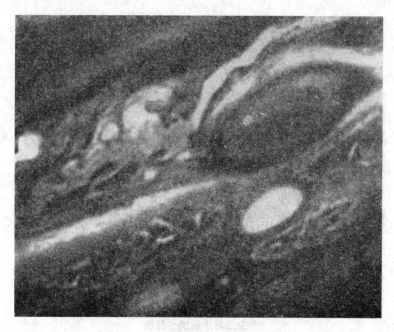

木星上的大红斑

木卫二上有生命吗?

　　美国亚利桑那大学的天文学家们研究发现,"伽利略"号太空探测器发回的数据表明,木卫二上可能存在类似地球的海洋。这激起了科学家对木卫二可能存在生命的猜想。

　　在研究了木卫二表面照片之后,亚利桑那大学的科学家们认为,木卫二冰冻的表面比较薄,而观测到的表层裂缝可以使得气体、热量和有机物质接触到表层下面可能存在的水。这种情况显示,木卫二更像地球上的北冰洋。地球的北冰洋通过冰层的裂缝而接触空气和热量,而木卫二上的海洋也可能通过冰层裂缝接触外界。如果真有这样的环境,生命存在便不再是问题。

木卫二与木星的位置图

太阳系最美丽的行星

太阳系中的土星因为具有绚丽的光环因而成为最美丽的行星。

20世纪60年代以前，人们一直认为上星有5道光环，按从内向外的顺序分别被命名为D、C、B、A、E环。其中最亮的是B环，其次是A环，最暗的是D环。B环又是最宽的，约为2.5万千米。A、C环宽约为1.5万千米。后来，"先驱者"探险测器飞临土星的时候，科学家们又发现了两道新光环，命名为F、G环。F环宽约2100千米，距土星中心约14万千米。G环在F环的外侧，距土星中心约15万千米。实际上，土星的光环细分起来，数以千计，一环套一环。土星环多数比较完整，但也有残缺的。

根据从土星环反射回来的雷达回波得知，构成环的物质是直径介于4厘米和30厘米之间的冰块。环的温度在 −198℃ ～ −208℃。内环转速最快，外环最慢。另外，由于土星自转轴与轨道面成63度角，使得这些环看上去转速不一，方向、亮度各有不同，时窄时宽，时隐时现，十分迷人。所以，土星又被人们称为"星中美人"。

土星

"冷行星"天王星

天王星与太阳的距离要比海王星近1倍，但表面温度却与海王星一样。通过对它辐射能的测定得知，其辐射的能量只有6%来自星体内部，而木星、土星、海王星却有40%。由此可见，天王星是太阳系中唯一缺乏内部热能的行星。

按照现行的天王星结构模型推算，它的中心温度只有2000℃～3000℃，远远低于其他行星。另外，在其核外，是一层厚达1万多千米的幔。与众不同的是，这层幔是由水冰、氨冰和甲烷冰组成的。这层厚厚的冰层足以使天王星变得"冷酷无情"。

要从根本上说明天王星的冷，还得追溯到它的起源与演化历史。根据它的占总质量50%的高含冰量，有人认为它是由无数彗星聚合而成，因为彗星正是一颗颗冰冷的"脏雪球"。也有人认为，它的倾斜接近98度的自转轴暗示在它演化的早期曾受到过一次猛烈的碰撞，这一撞虽未致命，但却损失了大部分热能，使它变冷。

天王星

"躺"在轨道上的天王星

天王星的公转轨道是一个椭圆，轨道半径长为29亿千米，它以平均每秒6.81千米的速度绕太阳公转，公转一周要84年，自转周期则短得多，仅为15.5小时。在太阳系中，所有的行星基本上都遵循自转轴与公转轨道面接近垂直的运动，只有天王星例外，它的自转轴几乎与公转轨道面平行，也就是说，它差不多是"躺"着绕太阳运动的。

天王星

呈蓝绿色的天王星和海王星

　　行星与卫星都不能自行发光，它们的光辉完全靠反射太阳光而来。这样说来，它们的颜色应该是相同的了，但其实不然。熟悉星空的天文爱好者可以通过它们各自的特殊颜色，立即将它们从群星中分辨出来：金星灿烂夺目，火星是火红的，而木星和土星颜色淡黄而略带乳白。

　　行星的不同颜色与它们的大气构成和表面性质有关。金星大气中浓密的二氧化碳和云层吸收了阳光中的蓝光部分，因而它更多地反射橙色光，自然显示金黄的色彩。火星大气稀薄，重力微小，但"席卷全球"的"尘暴"常将表面橙红色的氧化物卷上高空而使它有了一个红色的"脸膛"。木星、土星的大气中因富含氢和氦而看起来是淡黄而略带乳白的。天王星和海王星的大气中富含甲烷，而甲烷对阳光中的红、橙光具有强烈的吸收作用，这样，经这两颗行星大气反射后的阳光的主要成分都是蓝、绿光，因此看上去就呈蓝绿色了。

海王星

海王星的环为什么呈短弧状?

海王星的光环共有四个:2个亮环,1个较暗的内环以及一个可能连接到海王星大气的弥散环。有趣的是,它的最外围的亮环——亚当斯环上有5段明亮的短弧线。怎么解释这一奇异的现象呢?

一种简单的说法是:亚当斯环有一个17千米宽的致密核心,外围是宽约50千米的弥散尘埃晕。亮弧段可能是隐没在环中的直径不大于10千米~15千米的一些小卫星,在它们的周围又聚集了更多的环状物质,因而成为一段段亮弧。

而美国的行星环专家彼科则认为事情没这么简单。他注意到亚当斯环内有一颗距它只有1000千米、直径为150千米的卫星嘎拉提亚。亚当斯环与这颗卫星的运行周期之比为43∶42。由于这种近乎同步的运转关系,卫星对环产生共振性的扰动,迫使环上的粒子改变其均匀的分布状态,被驱逐到一个狭窄的带状区或约束在大约4度的间隙区内。至于弧环为何十分密集,那可能是一颗瓦解了的小卫星的较小碎片集中在弧环中的缘故。

海王星为什么有"温暖"的南极?

　　科学家发现,海王星的南极比它的其他部分要"热"得多。研究人员利用欧洲天文学研究组织(ESO)位于智利的大型天文望远镜观察,发现海王星南极的温度比其他部分要高出大约10℃,而海王星的平均温度大约为200℃。分析原因,科学家认为,海王星的南极目前正朝向太阳,就像地球的南极在夏季时朝向太阳的那样。与地球不同的是,海王星南极的夏季要持续大约40年左右,由于受到太阳日照的时间更长,因此,海王星的南极要比它的其他部分"热"得多。

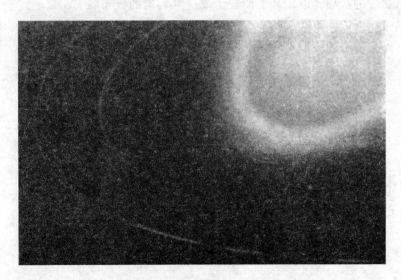

海王星环

小行星是恐龙灭绝的"元凶"

曾经称霸地球达1.4亿年之久的庞然大物恐龙，在6500万年前突然在地球上灭绝，到底谁是灭绝恐龙的"元凶"呢？

根据科学家们的研究，一颗陨落的小行星被列为"嫌疑对象"。理论研究证明，直径为8千米~10千米的小行星与地球相撞，可产生相当于100万亿吨TNT烈性炸药的破坏力，这足以使地球上大量物种（包括恐龙）在短期内灭绝。这种可能性，几千万年即可出现一次，这就为小行星的"作案"提供了能力和时间上的证据。

除此之外，科学家们还有更直接的证据。目前已在全世界60多处白垩纪末期地质层中发现了铱异常，即铱的含量比其他年代地层中的含量要高出30多倍。含铱量高，正是小行星、陨石等天外来客的共同特征。

另外，最近又在加拿大的艾伯塔白垩纪末的地质层中发现了微小金刚石。这是小行星袭击地球的又一"罪证"。因为陨石坠地时的强烈撞击作用，可产生几万至几百万个大气压强的压力和2000℃以上的高温。在这种条件下，富含碳的小行星一部分转化成金刚石就完全在情理之中。

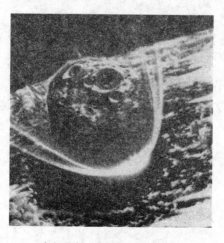

小行星撞击地球电脑模拟图

"十五的月亮十六圆"

月亮围绕地球运行的轨道是一个椭圆，最近时距地球约 36 万千米，最远时约 40 万千米。由于万有引力影响，月亮距地球较近时走得快些，较远时则慢一些。如果上半月月球运行较快，就能在农历十五时准点到达圆月点；如果上半月慢了点，则在农历十六才能"赶"到圆月位置。因此，"十五的月亮十六圆"甚至"十七圆"，都是非常正常的现象。

月亮为什么会有不同形状的变化？

随着月亮每天在星空中自西向东移动一大段距离，它的形状也在不断地变化着，这就是月亮的位相变化，叫做月相。"人有悲欢离合，月有阴晴圆缺"，这里的"圆缺"就是指月相的变化，即人在地球上所看到的月球被日光照亮部分的不同形象。

为什么会出现月相的变化呢？原来，由于月球本身不发光，在太阳光照射下，向着太阳的半个球面是亮区，另半个球面是暗区。随着月亮相对于地球和太阳的位置变化，就使它被太阳照亮的一面有时对向地球，有时背向地球；有时对向地球的月亮部分大一些，有时小一些，这样就出现了不同的月相。

月亮为什么总是以同一面朝向地球？

　　月亮一面绕地球公转，一面在自转，而它自转一周的时间，正好和它绕地球公转一周的时间相同，都是 27.3 天。所以，当月亮绕地球转过一个角度，它正好自己也旋转了相同的角度。如果月亮绕地球转了 360 度，它正好也自转了一圈，所以永远是一面朝着地球，另一面背着地球。

　　更加精确地观测可以发现，月亮沿着椭圆形轨道绕地球运动，公转速度不像自转速度那么均匀，而且它的自转轴又不垂直于公转运动轨道面，因此，有时候我们还是能看见月亮背面的一小部分。与正面相比，月亮背面的地形更加凹凸不平，起伏悬殊：平原面积较少，而环形山则较多。

"嫦娥一号"拍摄的月球全图

为什么我们看到的月亮图案亘古不变?

从远古以来,人们就发现月亮上只有一种亘古不变的图案,于是有人把那些图案想象成嫦娥在月宫里舞蹈。为什么我们看到的月亮图案亘古不变呢?其实,这是因为月亮总是一面朝向地球的,因此地球上的人们永远也看不到月亮的背面。

在地球上,一天是地球自转一周的时间,一年是地球绕太阳公转一周的时间,大约为365天。可是,月亮却不同,月亮自转一周的时间与它绕地球公转一天的时间是相同的,都是27.32166天。这就是说,当月球自转一周回到原来位置的时候,恰好也就是绕地球转了一周,也就等于又把它原来的那一面朝向了地球。月亮就是一直这样周而复始地以固定的一面对着地球的,所以,我们看到的月亮图案亘古不变。

月亮上的白天和黑夜比地球上的长

月亮和地球一样,也有白天和黑夜。但是,月亮上的一个白天比地球上的三个星期还长,一个夜晚也有地球上的三个多星期长。这是为什么呢?

月亮需要用大约30天的时间绕地球转一圈,同时,自己也差不多转了一圈。所以,月亮上的白天、黑夜和地球上的白天、黑夜是大不一样的。月亮上一个白天和黑夜大约等于地球上的一个月的时间。

为什么月亮会跟着人 "走"?

生活中我们会有这样一种经验,在月下行走的时候,近处的物体向后退去,可是月亮却好像随人一同前进,当你走得快时,月亮也"走"得快,当你停下来时,月亮也停下来。那么,这是怎么回事呢?

原来,人在走动的时候,观看周围每一个物体的视线(从人眼到这个被观察物体的直线)的方向一直都在变动。比如,当人走到某一个点时,看到距离几十米处的一棵树,视线和前进方向间有一个夹角;当人继续向前走到另外一个点时,看树的视线和前进的方向形成一个新的夹角。很显然,后一个夹角比前一个夹角大,视线的方向朝后偏转,最后树就显得向后退了。

可是,因为月亮离地球的距离远远大于人与树的距离,人在前一个位置点看月亮的视角和在后一个位置点看月亮的视角是有变化的,但这个变化对人的肉眼来说几乎是可以被忽略的。所以,人在某一个点观看月亮时的视线,与在之前那个点看月亮时的视线几乎就是互相平行的,这样,在人看来,月亮差不多是保持在一定方向上,因此,月亮看着就好像是跟着人一起向前走了。

"月海"

月海只是月亮上的暗灰色地区，古代人以为这些阴暗区域是被海水覆盖着的，便将之定名为"月海"。

事实上，月海里一滴水也没有，那里只有一些平坦广阔的平原，是月面上低洼的区域。由于月海表面的尘土反射太阳光的本领要比山脉差得多，因此，它们在人们的视觉中就显得比较阴暗。

现在已知整个月亮表面有雨海、静海、危海、澄海、丰富海等 22 个月海，其中向着地球这面的有 19 个，背着地球那面有 3 个。月亮最大的月海叫"风暴洋"，位于月亮的东北部，面积达 500 万平方千米，相当于我国面积的一半。

除此之外，天文学家还把月亮上比月海小的阴暗区域叫做"湖"，把伸向陆地的阴暗区域叫做"湾"和"沼"等等。

黑色部分为月海

月亮会渐渐地远离地球吗?

美国科学家发现,现在月球以每年16英寸4厘米的速度远离我们而去,月球绕地球运行的轨道也因此变长,绕地球运行一周需要的时间也会变得更长,我们的一天也就变长了。研究人员说,十亿年前的月亮比现在离我们更近一些,月亮围绕地球一周仅需要20天的时间。十亿年前,地球上的一天只有18小时,而以后人们的一天就不只是24小时,肯定超过24小时。

月球是空心的吗?

从目前来看,月球表面是不存在生命迹象的,那么月球的表层下是怎样一个世界呢?是否存在一个"生命世界"呢?苏联著名天体物理学家瓦西里和晓巴科夫曾在《共青团真理报》上撰文指出:"月球可能是外星人的宇航站。月球是空心的,在它的表层下存在一个极为先进的文明世界。"

这一假说引起了科学界的震惊,人们很快联想到在"阿波罗"探月过程中曾发生过的一件事:当时两名宇航员回到指令舱后,登月舱突然失控坠毁在月球表面,设置在离坠落点72千米处的地震记录仪,记录到了持续15分钟的震荡声,这种声音犹如一只大钟和大锣鼓所发出的声响。在"阿波罗"12号探月时,碰撞月球所发出的回声持续了4小时。如果月球是实心的,这种声音只能持续1分钟左右。另外科学家在月球上还发现了有类似地震那样的月震,月震的震级很弱,最大的月震也只相当于地震的一二级,但震动持续时间却很长。所有这一切似乎证明了"月球是空心的"。

然而,有些科学家认为,月震持续时间比地震长,其原因在于月球上没有水和表面松散的沉积层,正是由于水和松散沉积层对地震有一定的吸收作用,才使地震波很快衰减。有的科学家还认为,月球的内部结构与地球完全相同,是由月核、月幔及月壳组成,而并非是空心的。

月亮上的环形山

如果用天文望远镜去观测月亮的表面，你就会发现在月亮表面上，除了有许多高山和大片的平原之外，还有许多大小不一的圆圈，这些圆圈是什么呢？

这些圈圈是月球上的一座座环形山。在我们能观测到的半球上，直径在1千米以上的环形山就有30万座之多，有的环形山直径可达300千米。

这些环形山是怎样形成的呢？

有科学家认为，月球上曾经有过剧烈的火山爆发，喷出来的物质凝固以后，就形成了现在的环形山。因为月球表面重力很小，而火山喷发的规模很大，因而形成了巨大的环形山。

还有的科学家认为，由于月亮上没有空气，陨星可以直接撞击月球表面，撞击爆发出来的物质，堆积起来就成为现在的一座座环形山。他们通过观察还发现，这些环形山一般都有向四面伸展达几千米的"辐射纹"。他们推测，这是由于陨星撞击之后爆发的物质没有空气阻力，有一部分飞溅得特别远，洒落在月亮表面上形成的。

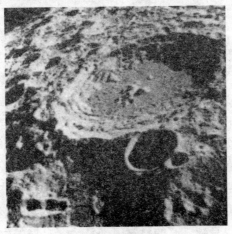

月亮上的环形山

月食为什么总是发生在满月之时?

月食是自然界的一种现象,当太阳、地球、月亮三者恰好或几乎在同一条直线上时(地球在太阳和月亮之间),太阳到月球的光线便会部分或完全地被地球掩盖,产生月食。按月亮被遮挡范围的不同,月食分为月全食、月偏食和半影月食三种。

发生月食的条件是,月亮必须位于地球的背日方向(即地影所在的方向),即位于日地连线的延长线上。在一个朔望月内,只有逢"望"的日期,月亮才有可能位于地影所在的方向。因此,满月是发生月食的必要条件。

身披红衣的月全食

月全食是月亮全部进入地球本影,但是这时候月亮为什么会变成暗红色呢?

这暗红色的光,是照射到月面上来的太阳光。太阳光是由红、橙、黄、绿、蓝、靛、紫各种颜色的光线混合成的。当太阳光经过地球上的大气层被折射到地球背后影子里去的时候,它们都受到大气层中极其微小的大气分子的散射和吸收。像黄、绿、蓝、靛、紫等色的光波比较短,在大气中受到的散射影响比较大,它们大部分都向四面八方散射掉了;红色的光线波长比较长,受到散射的影响不大,可以通过大气层穿透出去,折射到躲在地球影子后面的月亮上。所以,在月全食时,人们看到的月亮是暗红色的,就好像月亮身披红衣一样。

2月的天数为何最少

公元前46年，古罗马的统治者儒略·恺撒召集了一批天文历算方面的专家，要求固定每个月的具体天数。由于儒略·恺撒出生在7月，于是他决定将7月改为"儒略月"，并将7月连同所有的单月都规定为31天，而双月为30天。这样1年就变成了366天，而由于2月是古罗马处死犯人的月份，为了减轻人们当时的恐惧心理，将2月减少1天，为29天，逢闰年则加1天。

公元前27年，儒略·恺撒的继承者奥古斯都，恺撒又主持修改了历法。他仿照前人的做法，把自己的出生月份8月定为"奥古斯都月"，并增加了1天，同时他将10月和12月也改为31天，9月和11月改为30天。这样，全年又多出了1天，他又将"不吉祥"的2月减少了1天，于是2月变成了28天，只是每过4年，即闰年时才为29天。

儒略·恺撒和奥古斯都·恺撒所制订的历法经过后人的不断完善，便成了现今通用的公历历法。由于2月是古罗马人的"不吉祥"月，因此，它的天数成了12个月中最少的。

至于公历闰年和平年的确定，人们则可用这一年的年份除以"4"，如能整除就为闰年，否则为平年。如2008年，"2008"能被"4"整除，所以就是闰年，2月也就有了29天。盖，产生月食。按月亮被遮挡范围的不同，月食分为月全食、月偏食和半影月食三种。

发生月食的条件是，月亮必须位于地球的背日方向（即地影所在的方向），即位于日地连线的延长线上。在一个朔望月内，只有逢"望"的日期，月亮才有可能位于地影所在的方向。

二、地球漫步

地球的形成

　　大约在 47 亿年前，宇宙中尘埃聚集，形成了地球及其所在的太阳系的其他星球。当时的空气中不含有氧气，而含有很多二氧化碳（碳酸气体）、氮气。最初的地球很小，但不断有宇宙中的尘埃及小的星体撞击，体积不断增大，而且撞击时能量聚集，温度不断上升，最终熔化为液体。不久，星体撞击的次数减少，地球表面的温度降低，形成地壳，这就是今天的地表。但是，地球内部的岩浆不断喷涌，形成大量的火山，火山灰中的水蒸气冷却凝结为水，从而形成海洋。

地球主体为什么是蓝色的?

宇宙飞船从太空拍摄的地球照片显示,地球都是一个主体呈蓝色的球体。那么地球主体为什么呈现蓝色呢?

原来,从地球上的海洋与陆地的大小来看,地球表面积为5.1亿平方千米,而海洋就占了71%,相当于陆地面积的2.5倍。北半球虽然有全球2/3的陆地,但其陆地面积也只占北半球自身总面积的39.3%,其余60.7%的地方都是海洋。南半球、东半球和西半球的海洋也都比陆地大。如果换一个角度,以0°经线与北纬47°纬线的交点和180°经线与南纬47°纬线的交点为两极,把地球分为以水为主的水半球和以陆地为主的陆半球,陆半球虽然集中了全球81%的陆地,但陆地仍比海洋小。这表明,在地球的任何部位海洋都是主体。地球上海洋的平均深度将近4000米,蓄积水量达133.8亿立方米,占地球水圈总水量的96.5%。和陆地不同,海洋是一个连续的整体,各大洋相互沟通,形成统一的世界大洋,使陆地看上去就像是漂浮在海洋上一样。因为海洋广阔而连续,水色偏蓝,因此在太空看地球,它就成了美丽的蓝色星体。

从太空拍摄的地球照片

地球是个椭圆球体

地球呈球体状，主要是由圆球的特性所决定的。圆球是个中心对称体，表面每一点对于中心而言都是相同的——距离相同，受力也相同，这种状态相对于其他的形状是最容易保持的。

另外，从地球的形成来看，地球最初是由液态凝固的，受引力和张力的作用，最初就是一个近似的球状。而且，即使当初地球不是圆形的，在几十亿年的不停旋转之中也会向球体发展。地表尖锐的地方，比较容易因为外力和重力而被破坏，也使地球趋向于球形。

那为什么地球是椭圆形的呢？这是因为地球的自转在起作用。由于地球是围绕地轴转的，赤道是转得最快的地方，因此赤道受到的离心力最大，地壳就被"甩"得向外凸出，长久之后就成为椭球体。

地球上的生命是来自于外星球的吗？

美国科学家们最近研究发现，长期封存在冰河下的古代微生物的 DNA 有可能在冰河融化时苏醒过来，并由此推断地球上的生命不太可能起源于外星系。科学家们融化了 5 块年代从 10 万年到 800 万年的冰块，来寻找并研究封存在其中的微生物。结果发现，这些远古冰块中的确有微生物存在，而且年代近的冰块里数量较多。他们将这些古微生物放在合适的介质里生长，再把它们按种类分开，结果发现，微生物的数量几乎每天都翻倍。

鉴于古老冰块中微生物的 DNA 分解如此迅速，科学家们推断，地球上的生命不太可能起源于彗星和太阳系以外的星球。

地球的年龄

我们所生活的地球到底有多大年龄了呢？这个问题引起了很多人的兴趣。

20世纪科学家们发明了同位素地质测定法。根据这种办法，科学家们找到的最古老的岩石，有38亿岁。然而，最古老的岩石并不是地球"出世"时留下来的最早证据，不能代表地球的整个历史。这是因为，"婴儿时代"的地球是一个炽热的熔融球体，最古老岩石是地球冷却下来形成坚硬的地壳后保存下来的。

人类登上月球后，科学家们测定取自月球表面的岩石标本，发现月球的年龄在44亿~46亿年之间。于是，根据目前最流行的太阳系起源的星云说，太阳系的天体是在差不多时间内凝结而成的观点，便可以认为地球是在46亿年前形成的。但是，这只是依靠间接证据推测出来的。至今人们还没有在地球自身上发现确凿的"档案"，来证明地球活了46亿年。

为什么碳－14能测定物品的年代？

自然界中存在3种碳的同位素，它们的重量比例是12∶13∶14，分别用碳－12、碳－13、碳－14来表示。前二者是稳定同位素，碳－14则有放射性。碳－14在大气中存在，在大气高空层中，因宇宙射线中子和大气氮核作用而生成。它在大气中与氧结合成 C_4O_2 分子，与二氧化碳的化学性能是相同的。因此，它与二氧化碳混合一起，参与自然界的碳交换运动。同时，碳－14因光合作用而被植物吸收，并贮存在植物之中。人和动物需要食用植物，于是也在人体和动物体内存留。生物在存活期间，它们不断地从大气中获取这种放射性碳。但是任何一种动物或植物一旦死亡，它就停止吸收，而且会使存留体内的这种放射性碳不断减少。大约经过5730年，它的含量可以衰减一半。因此，物理学家将5730年称为半衰期。由此可知，只要用仪器测出树木、谷物、人骨、兽骨等生物遗骸中现有的碳－14含量，与它原始的碳－14水平相比，就可以推算出它们在多少年前死亡，进而可以推断与它们共存的遗存（诸如建筑遗址、墓葬或其他遗物）距今已有多少年了。

地球的周长

地球赤道的全长是 40024 千米，赤道处的直径是 12758 千米，比两极处的垂直直径稍长 43 千米。

地球的质量

世界上第一个"称"地球质量的人，是英国科学家亨瑞·卡文迪许。他将一条细线系于一个轻质木棒的中端，并在木棒的两端各系上一个小铅球，从而制成了一个简单的装置，木棒可绕悬线自由扭动。这样，只需轻轻一碰，木棒两端的小球就可改变装置的运动状态。利用这一方法，卡文迪许测出了不同作用力产生的"扭矩"。

而后，卡文迪许将两个较大的金属球分别装于这两个小球的附近，这两个金属球与两个小球之间的引力使悬线发生轻微的扭动。根据扭臂的长度，卡文迪许计算出了两对球体之间的相互的吸引力，进而他根据两对球体的中心距和各球的质量，以及位于地表的相同球体所受的重力（该重力大于两球间的相互作用力），与两对球体间吸力的差值计算出了地球的质量。卡文迪许计算出地球的质量约为 6×10^{24} 千克。这一数据直至今天仍一直被科学界所认可，因而卡文迪许的研究可以说是在该领域的首创。

地球上的水

地球最初是由太阳星云分化出来的星际物质聚合而成的，它的基本组成部分有氢气和氮气以及一些尘埃。固体尘埃聚集结合形成地球的内核，外面围绕着大量气体。地球刚形成时，结构松散，质量不大，引力也小，温度很低。后来，由于地球不断收缩，内核放射性物质产生能量，致使地球温度不断升高，有些物质慢慢变暖熔化，较重的物质，如铁、镍等聚集在中心部位形成地核，最轻的物质浮于地表。随着地球表面温度逐渐降低，地表开始形成坚硬的地壳。但因地球内部温度很高，岩浆活动非常激烈，火山爆发十分频繁，地壳也不断发生变化，有些地方隆起形成山峰，有的地方下陷形成低地与山谷，同时喷发出大量的气体。由于地球体积不断缩小，引力也随之增加，此时，这些气体已无法摆脱地球的引力，从而围绕着地球，构成了"原始地球大气"。

原始大气由多种成分组成，水蒸气便是其中之一。水蒸气又是从哪儿来的呢？组成原始地球的固体尘埃，实际上就是衰老了的星球爆炸而成的大量碎片，这些碎片多是无机盐之类的东西，在它们内部蕴藏着许多水分子，即所谓的结晶水合物。结晶水合物里面的结晶水在地球内部高温作用下离析出来就变成了水蒸气。喷到空中的水蒸气达到饱和时便冷却成云，变成雨，落到地面上，聚集在低洼处，逐渐积累成湖泊和河流，最后汇集到地表最低区域形成海洋。地球上的水在开始形成时，不论湖泊或海洋，其水量不是很多，随着地球内部产生的水蒸气不断被送入大气层，地面水量也不断增加，经历几十亿年的地球演变过程，最后终于形成我们现在看到的江河湖海。

地到底有多厚？

经过人类长期以来对地球的认识和科学探测，已知地球是一个南北两极半径稍短、赤道半径稍长的椭圆形球体，其球体内部大致分为地壳、地幔和地核三大部分。

地壳是由各种不均匀的岩石组成，除地表覆盖着一层薄薄的沉积岩、风化土和海水外，主要是由花岗岩一类的物质组成。地壳的厚度，在地球全部结构中，只占极薄的一层。据科学家们最新的探测资料，地壳的平均厚度约为17千米（莫霍界面到地表的平均距离）。当然，由于地球表面是凹凸不平的，有些地方地壳就较厚，如我国青藏高原达到四五十千米；有些地方很薄，如在大洋深处，地壳只有几千米。人们所说的地厚应该说就指的是地壳这一层。目前，人类钻探进的不过8千米~10千米，还远没有突破地壳。

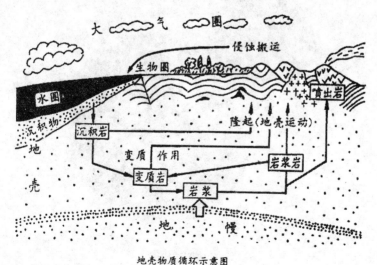

地壳物质循环示意图

地壳物质循环示意图

地球的内部什么样

地球的外层是地壳，地壳之下由外向里分别为地幔和地核。他们的分层结构就像鸡蛋的蛋壳、蛋清和蛋黄。地核又分为内地核和外地核。外地核呈液体熔融状态，主要由铁、镍及一些轻元素组成，它们可以流动（对流），这层液态外核为内核的旋转提供了条件。内核呈固态，成分以铁为主，内部压力极大，温度极高。地壳的平均厚度约为33千米（大陆部分地壳的平均厚度），地幔的厚度约2900千米，地核的半径约3400千米。

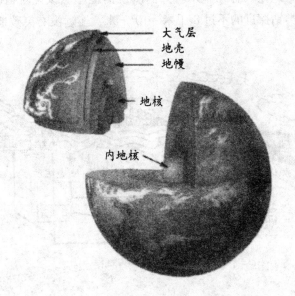

大气层
地壳
地幔

地核

内地核

地球内部结构图

地球的中心温度

科学家们经过实验证实，在地表从挖石油的钻孔往下测量，深度每增加1千米，温度就上升33℃。而从地表到地下200千米处是岩石，所以地下200千米以内的温度还没有达到使岩石熔化的程度，温度也不过只2000℃左右。但地下200千米以外的温度就不能测量了，于是科学家们从坠落在地球之上的陨石、陨铁中的铀及钍的含量来推测地球中心的温度。因为陨石、陨铁的成分与地球内部的成分相差无几。据科学家们推测，地球中心的温度一般不会超过5000℃。

地球的中心正在"变软"吗？

科学家们最近研究发现，地球的中心——下地幔比此前所想象的更"软"。下地幔位于地表以下660千米～2900千米处，位于外地核上层。此处的压力和温度极高，物质不再以地表的岩石形态存在。由于无法直接采取地球最深部的物质样本，科学家们一般通过观测地震波的速度来确定这些物质的密度和组成成分。而现在科学家们研究发现，下地幔的一部分物质拥有不常见的电子特性，使得声音的传播速度放慢，在一定的压力范围也就是约从39.5万个大气压到59万个大气压之内，物质会变得"更软"。也就是说，在下地幔中声波的传播速度比我们此前的预想要慢。这一发现意味着科学家们可能必须重新绘制下地幔模型。

世界上最高的大陆

地球上最高的大陆不是拥有青藏高原的亚洲大陆，而是南极大陆。地球上其他几个大陆的平均海拔高度为：亚洲950米，北美洲700米，南美洲600米，非洲560米，欧洲最低，只有300米。然而，南极大陆就其自然表面来说，其平均海拔高度为2350米，比其他几个大陆中最高的亚洲还要高得多。不过，这主要是因为在南极大陆上覆盖着厚厚的冰盖，如果把覆盖在南极大陆上的冰盖剥离，它的平均高度仅有410米，比整个地球上陆地的平均高度要低得多。

冰雪覆盖的南极大陆

"大陆漂移"学说

1915年，德国气象学家、地球物理学家魏格纳提出了著名的"大陆漂移说"，开创了地球科学史上的一次革命。魏格纳大陆漂移说的主要论点是：现在的美洲、非洲、亚洲、欧洲、澳洲及南极洲，在古生代是一个单一的超级大陆——魏格纳称之为"泛大陆"。花岗岩质大陆像冰山在海洋中一样漂浮在玄武岩质基底上。由于潮汐力和地球自转离心力的作用，泛大陆在中生代分裂成几大块：最先是美洲、欧洲、非洲分离出去，中间形成大西洋，接着澳大利亚、南极和亚洲分离出去，中间形成印度洋。移动大陆的前沿遇到玄武岩质基底的阻挡，便发生挤压和褶皱，隆起为山脉、而移动过程中脱落下来的大陆"碎片"，便成了岛屿。这个漂移过程很缓慢，直到第四纪初期才形成现今地球上海陆分布的轮廓。魏格纳的大陆漂移说较好地解释了今天大西洋两岸的轮廓、地形、地质构造、古生物群落的相似性及南半球各大陆古生代后期冰层的分布等一系列问题，但在其漂移的"动力"问题上至今还没有较为明确的答案。

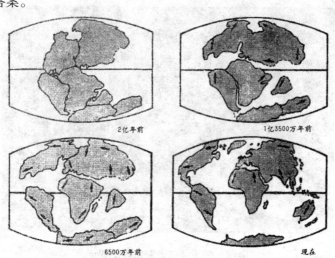

2亿年前　　　　　　　1亿3500万年前

6500万年前　　　　　　现在

大陆漂移示意图

美丽的极光

　　在地球南北两极附近地区的高空，夜间常会出现灿烂美丽的光辉。它轻盈地飘荡，同时忽暗忽明，发出红的、蓝的、绿的、紫的光芒。这种壮丽动人的景象就叫做极光。

　　极光是怎么产生的呢？这美丽的景色是太阳与大气层合作表演出来的作品。在太阳创造的诸如光和热等形式的能量中，有一种能量被称为太阳风。太阳风是太阳喷射出的带电粒子，是一束可以覆盖地球的强大的带电亚原子颗粒流。太阳风在地球上空环绕地球流动，以大约每秒400千米的速度撞击地球磁场。地球磁场形如漏斗，尖端对着地球的南北两个磁极，因此太阳发出的带电粒子沿着地磁场这个"漏斗"沉降，进入地球的两极地区。两极的高层大气，受到太阳风的轰击后会发出光芒，形成极光。在南极地区形成的叫南极光，而在北极地区形成的叫北极光。

中国北极黄河站上空出现的极光

地震的产生

　　绝大多数地震发生在地球最刚硬的部分——地壳和地幔上部边缘的岩石层里面。那里的岩石在力的作用下发生破裂，这个破裂处就成为震源，震动从这里开始。岩石具有受力后发生破裂的性质，这是它会破裂的根据，但还得有力作用于它的身上才能使它破裂。在地下，存在着各种形式的力的作用，而且这些力会在地下某些处所积累加强，当增大到使那里的岩石承受不了时，破裂就发生了。在这个变动中起主要作用的是地壳运动。在地壳运动的过程中，地壳的不同部位受到了挤压、拉伸、旋扭等力的作用，那些构造比较脆弱的处所就容易破裂，引起断裂变动。这种变动成为地震的主要原因。全世界90%以上的地震，都是由于地壳的断裂变动造成的，这类地震称为构造地震。现在我们要预报、预防的，主要就是这种构造地震。此外，火山爆发、洞穴坍塌等也可造成地震，但数量都很少，规模也很小。因此，地震也可以说是现今地壳运动的一种表现。

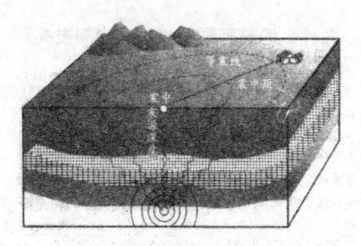

地震构造示意图

地震为什么多发生在夜间?

地震是一种自然现象,它会对人类造成极其严重的危害。地震的危害不仅在于突发性强,而且大多在夜间,甚或人们熟睡时突然降临,从而给震区的人们造成极大的生命和财产威胁。

地震其实随时都会发生,但多发生在夜间,这主要是因为受外因——太阳和月球引力的结果。我们知道,太阳和月球的引力可引起海水在一天里两次涨落。同时,太阳和月球的引力也会引起地壳的"潮汐"现象,只不过我们平时没有察觉罢了。如果地球内部在孕育地震的过程中,当地下的岩石受力的作用接近于破裂时,而此时正好有受到太阳和月球的引力作用,这样蓄势已久的地震能量就会一下子迸发出来。在这里,太阳和月球的引力就起到了导火索的作用。

地震不仅多发生在夜间,而且还常发生在农历初一、十五或十六前后。因为农历初一、十五或十六前后是太阳和月球引力最大的时候。由此可见,地震多发生在夜间,而且还常发生在农历初一、十五或十六,并不是偶然的。

为什么地震前后日光灯会自己发亮?

1996 年,在苏联塔什干地区,发生大地震前几个小时,关闭着的日光灯,又突然忽明忽暗地闪烁亮光,之后地震就发生了。对此,有科学家认为,多地震地区在地震发生时,地壳中会震出许多一种以氡为主要成分的放射性的物质。氡在大气中发生蜕变时,会放出射线激发日光灯管中的荧光粉发光。也有的科学家认为,氡在大气中发生蜕变而不停放出 α 粒子,猛烈撞击大气中的氮原子或者氧原子,从而使氮或氧原子释放出一个电子而成为正离子。这种撞击越多,大气中带电离子也就越多,于是大气的导电率也会随之增加。在地面天然电场作用下,电离的大气就会放电。大气大面积放电,从而使日光灯中的荧光粉发光。还有的科学家认为,地震可以产生高频地震波对空气进行轰击,从而激发日光灯荧光粉发亮。

为什么地球的南北极没有地震?

地球上几乎到处都有地震,全世界每年发生地震近百万次,五六级以上的大地震近百次。然而,南北两极地区至今却从未发现过地震。为什么南北两极地区没有地震呢? 美国科学家研究后发现,南极和北极的格陵兰岛内陆地没有地震的主要原因,是由于地面上覆盖着厚厚的冰层的缘故。科学家发现,南极和北极的格陵兰岛两地的冰雪覆盖面积分别达到90%和80%,冰层厚度达300米以上。由于冰层的面积广、厚度大、分量重,在垂直方向便产生巨大的压力,使其下面的地壳板块都受到冰层挤压。更巧的是,冰层产生巨大压力,正好与地层构造的挤压相平衡,分散和弱化了地壳的形变,所以不会产生倾斜和弯曲,从而使地震无从发生。不过同时科学家也认为,这种平衡只是相对的,一旦这种微妙的平衡被破坏,南北两极同样也会发生地震。

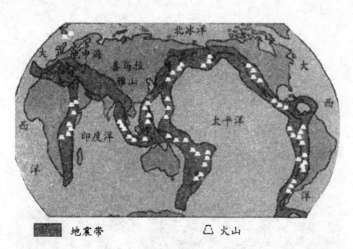

火山地震带示意图

火山的形成

在地球的内部，越往深处温度越高。在距离地面大约32千米的深处，温度就可以高到足以熔化大部分岩石。而岩石在熔化时受热膨胀，便需要更大的空间。在地球上的某些地区，山脉在隆起，于是这些正在上升的山脉下部的压力就在变小，在这些山脉的下面便可能形成一个熔岩（也叫岩浆）库。当熔化的岩浆沿着隆起造成的裂痕上升，并且熔岩库里的压力大于它上面的岩石顶盖的压力时，便向外迸发成为一座火山。火山喷发时，炽热的气体、液体或固体物质突然冒出。这些物质堆积在开口周围，形成一座锥形山头。"火山口"是火山锥顶部的洼陷，开口处通到地表。锥形山是火山形成的产物。火山喷出的物质主要是气体，但是像渣和灰的大量火山岩和固体物质也喷了出来。实际上，火山岩是被火山喷发出来的岩浆，当岩浆上升到接近地表的高度时，它的温度和压力开始下降，发生了物理和化学变化，岩浆就变成了火山岩。

火山爆发示意图

南极也有火山爆发吗?

在南极考察的英国科学家们研究发现,在 2000 多年前南极冰层下曾有一次火山大爆发。科学家们描述了"冰下火山"爆发的情景:压力和高温在冰层上"凿"出一个大洞,在空中形成一道高达 12000 米的烟柱,但没过多久,冰雪再次将这里覆盖,一切回归沉寂。这是人们首次在南极冰层下发现火山爆发的证据。同时科学家们认为,这一火山可能仍处于活跃期,他们正在研究火山与南极冰层融化、海平面上升的关系。科学家们说,或许火山的热量也是冰层融化加速的原因之一,但最主要的原因仍是全球变暖。

火山岩浆

海啸的发生

海啸是一种具有强大破坏力的海浪。水下地震、火山爆发或水下塌陷和滑坡等大地活动都可能引起海啸。

地震发生时，海底地层发生断裂，部分地层出现猛然上升或者下沉，由此造成从海底到海面的整个水层发生剧烈"抖动"。这种"抖动"与平常所见到的海浪大不一样。海浪一般只在海面附近起伏，涉及的深度不大，波动的振幅随水深衰减很快。地震引起的海水"抖动"则是从海底到海面整个水体的波动，其中所含的能量惊人。

海啸时掀起的狂涛骇浪，高度可达10多米至几十米不等，形成"水墙"。另外，海啸波长很大，可以传播几千千米而能量损失很小。由于以上原因，如果海啸到达岸边，"水墙"就会冲上陆地，对人类生命和财产造成严重威胁。

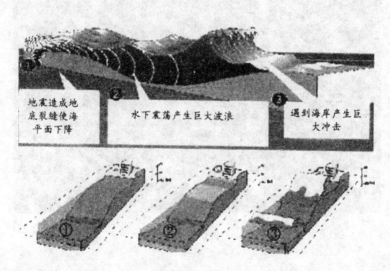

海啸产生示意图

海啸逃生

感觉强烈地震或长时间的震动时，需要立即离开海岸，快速到高地等安全处避难。如果收到海啸警报，没有感觉到震动也要立即离开海岸，快速到高地等安全处避难。通过收音机或电视等掌握信息，在没有解除海啸警报之前，勿靠近海岸。

不是所有地震都引起海啸，但任何一种地震都可能引发海啸。当你感觉大地发生颤抖时，要抓紧时间尽快远离海滨，登上高处。不要去看海啸，因为如果你和海浪靠得太近，危险来临时就会无法逃脱。

海啸的多发区

世界海啸多发区为夏威夷群岛、阿拉斯加区域、堪察加——千岛群岛、日本及周围区域，中国及其邻近区域、菲律宾群岛、印度尼西亚区域、新几内亚区域——所罗门群岛、新西兰——澳大利亚，南太平洋区域、哥伦比亚、厄瓜多尔北部及智利海岸，中美洲、美国、加拿大西海岸，以及地中海东北部沿岸区域等。

据 1900~1983 年的统计，太平洋地区共发生 405 次海啸，其中造成伤亡和显著经济损失的达 84 次，即平均每年 1 次。

地球在旋转，人为什么不会被甩下去呢？

我们知道，当我们快速转动雨伞的时候，雨滴就会从雨伞的四周落下，但是地球也是在旋转，可为什么我们不但不会被甩下去，而且即使跳起来也会马上着地呢？这主要是地球的引力吸引着地球上的物体的缘故。地球上任何物体要克服地球的引力飞出去，就得考虑必须超过多大的速度。我们以接近地球的表面水平运转的火箭发射后的第1秒为例，由于地球引力而使火箭在第1秒要下落大约5米，所以要想将火箭发射出去，就必须达到弥补这5米距离的速度，也就是必须以每秒接近8000米的速度发射出去。只有这样，火箭才不会落回地面而是围绕地球沿着圆形轨道运转。而生活中我们弹跳速度远远低于火箭发射的速度，所以我们是不会从地球上掉下去的。

为什么我们感觉不到地球的转动？

要解释这一现象，我们可以先回想一下我们乘船的经历。当我们乘船在江河里航行时，两岸的景色快速移过，我们就会觉得船行得非常快；如果我们乘轮船在大海里航行，站在甲板上，海天一色，海鸥追逐着轮船飞行，看上去好像被吸在船旁边一样，那时船似乎航行得很慢。其实，大多数情况下，大海里的轮船航行得比江河里的船快多了，可是为什么我们感觉江河里的船更快呢？

乘船在江河里航行时，我们看到两岸在迅速向后移动，常识告诉我们，江岸是不会移动的，于是我们意识到这是所乘的船在移动，而江岸移动得越快，表明船航行得越快。当我们乘轮船在大海里航行时，由于外界没有什么明显的物体可以判断轮船在迅速行进，所以我们觉得船行得很缓慢。这在物理上就是一个参照物的选择问题。地球是艘宇宙间的"小船"。如果在它运行的轨道旁，也有江河两岸那样的景色，我们就很容易感觉到地球的转动了。可近处没有这样的东西，只有远处的星星似乎可以帮助我们。但星星离我们实在太远了，在短时间里，由于我们没有可以对照的外界事物，因此很难感觉出地球的转动。而且，我们周围的一切物体，也与我们一样随地球一起转动，所以，我们就很难感觉到地球的转动。

地球的公转

地球的公转，是地球围绕太阳的旋转，它公转的路线叫轨道，公转运行又称轨道运行。地球围绕太阳运行的轨道是近似正圆的椭圆，扁率为1/7000，太阳位于椭圆的两个焦点之一的位置上。因而地球在围绕太阳运转的过程中，距离是有变化的。根据地球围绕太阳的运行周期，每年1月3日前后地球距离太阳最近，称为近日点，日地距离为1470万千米。7月4日前后地球距离太阳最远，称为远日点，日地距离是15192万千米。地球公转的方向，是自西向东旋转。地球围绕太阳转动的轨道长度是94亿千米，走完全程所用的时间是365天5时48分46秒，即1个回归年。1年转360度，大致每天向东推进1度，这是地球公转的角速度。地球公转的线速度，平均每小时为10.8万千米，每分钟1800千米，每秒钟约30千米。地球在近日点受太阳引力最大，运动线速度较快，每秒30.3千米；在远日点受太阳的引力最小，旋转较慢，每秒29.3千米。

地球公转运动图

地球上的四季

我们都有烤火取暖的体验：当我们正对着炉火时，感觉特别烤人，斜对着时，就不那么热了。其实地球四季的形成也是这样一个道理。地球在绕太阳公转的过程中，地轴始终与轨道面倾斜成 66 度 33 分的夹角。由于地轴的倾斜，当地球处在轨道上不同位置时，地球表面不同地点的太阳高度是不同的。太阳高度大的时候，太阳直射，热量集中，就好像正对着火炉一样。而且太阳在空中经过的路径长，日照时间长，昼长夜短，必然气温高，这就形成了夏季。反之，当太阳高度小时，阳光斜射地面，热量分散，相当于斜对着火炉。而且太阳在空中所经路径短，日照时间短，昼短夜长，气温就低，于是就形成了所谓的冬季。在由冬季到夏季的过程中，太阳高度由低变高，气温慢慢升高，就到了春季阶段。同样道理，在由夏季到冬季的过程中，太阳高度由高变低，气温慢慢下降，于是就形成了过渡阶段的秋季。由于地球永不停歇地这样侧着身子围绕太阳这个"大火炉"运转，这种冷暖便不停地交替着，从而形成了寒来暑往的四季。

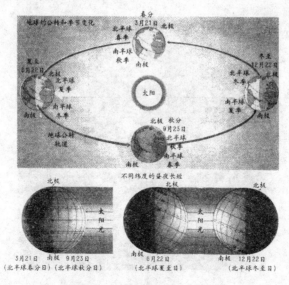

地球的公转和季节变化示意图

白天和黑夜

我们人类生活在地球上，地球是太阳系的一个成员。太阳是太阳系的中心，它是一个非常巨大的大火球，一刻不停地发出惊人的光和热。太阳的光线照到哪个星球上，这个星球被照到的地方就变得亮亮堂堂，我们把这叫做白天，没照到的地方就是黑夜。地球和其他星球一样，也在不停地旋转。当我们居住的地方转到朝向太阳一面时，就是白天；转到背向太阳一面时，就是黑夜。由于地球总是朝着同一个方向转动，每24小时恰好转动一圈，白天和黑夜就会交替来到我们住的地方。

为什么一天是 24 小时？

一天24小时主要是根据地球的公转和自转来确定的。我们现在所谓的"一年"实际上是地球绕太阳公转一周的时间。但是在地球绕太阳公转的同时，地球本身还在自转。地球自转一周为地球的一天。由于地球公转1周的同时自转365.2417周，也就是365天5小时48分46秒，所以根据地球自转规律，算出一天大约是23小时56分4秒。为了方便计算及人们的出行和生活方便，科学界就人为地统一规定一天为24小时。这样每4年有一个闰年约增加1天，闰年是366天。

未来每天会是 25 小时吗?

一天有 24 小时是我们都熟知的定律,不过英国有天文学家研究后认为,随着地球自转速度愈来愈慢,将来每天可能会有 25 小时。英国达勒姆大学天文学家斯蒂芬森分析过去 2700 年日食及月食资料,证明地球转速在公元前 700 年已在减慢。在 5.3 亿年前,地球每天有 21 小时,在 1 亿年前的恐龙时代,每天则是 23/小时。现在英国所采用的格林尼治标准时间,每隔数年便要向后调校,在每一年的结束到第二年的开始时就要删掉 1 秒。不过过去几年则比较例外,这主要是由于东南亚大地震及之后引发的海啸,导致地球自转在 2004 年底加速,因此令一天缩短了大约八百万分之一秒。

地球上的山

大约在 50 亿~55 亿年前,云状宇宙微粒和气态物质聚集在一起,形成了最初的地球。地球形成后的最初几亿年里,由于地壳较薄,加上小天体不断撞击地球表面,地幔里的熔融岩浆易于上涌喷出,在后来逐步稳定、冷却的过程中,地球内部的变动造成地表的凹凸不平也相对成型,从而构成山脉、河流和海洋,这就是所谓由板块构造等地质因素所形成的山。

此外,科学家最新的研究表明,气候造山的因素也是存在的。比如冰河活动也会增加山峰和山谷的高度差异。在极冷的气候中,冰河滑过地面、切开山谷并刨出新的山谷。冰河在运动的时候带走了石块,这减轻了地壳的负担。因为地球倾向于在一定的深度保持一定的压力,当某处地壳的负重减轻了之后,地壳下面密实的岩石便向上涌,以平衡压力,这就引起了陆地的抬升,形成一座新的山峰。

喜马拉雅山是从海里升起来的吗?

在喜马拉雅山陡峭的崖壁上，或在幽深的山谷里，已经发现了许多古海洋动植物化石，包括三叶虫、笔石、腹足类、腕足类、鹦鹉螺、菊石、瓣鳃类、珊瑚、苔藓虫、海胆、海百合、介形虫、有孔虫、海藻和鱼龙等。这些化石说明喜马拉雅山地区曾经是一片汪洋大海，它是从古老的大海里涌现出来的，地壳上升的结果造成了这一切。珠穆朗玛峰北坡海拔 5700～5900 米的地方发现了生长在百万年前的高山栎和毡毛栎化石，这些植物现在在我国西南地区海拔 2200～3000 米的很多地方仍有生长。虽然百万年前的气候状况以及这些植物的生长环境、高度与现在不完全相同，但是据此仍可以粗略估计，喜马拉雅山地区百万年来大约上升了 3000 米，平均每 1 万年上升 30 米左右。

喜马拉雅山

桂林山水的形成

　　桂林位于我国的广西壮族自治区的东北部，是世界著名的风景区。桂林的山非常奇丽，有的像大象、有的像莲花、有的像刀剑。在大山的岩洞里，有各种形态的钟乳石、石柱、石笋，玲珑剔透，千姿百态。一条秀丽的漓江，在柱立的奇峰中流动。桂林山水甲天下，就是在于山青、水秀、洞奇、石美的特点。桂林山水之所以这样奇丽秀美，是因为那里有很多的石灰岩。石灰岩特别容易被含有二氧化碳的雨水和河水溶解。经过千百年雨水、河水的侵蚀，桂林就形成了现在这样山清水秀、洞奇石美的风景奇观。

桂林山水

黄土高原上的黄土

按照黄土风成学说的解释，黄土高原是这样形成的：在蒙古、中亚和我国西北一带的荒漠地区，气候干燥，温差很大，由于热胀冷缩的作用，使岩石、沙砾等被"加工粉碎"成细小的沙子和粉尘。强劲的西北风将以百万吨计的细砂和粉尘旋入天空，随风南下，于是粗粒的先沉降下来聚成沙漠，细粒的则被飘移至秦岭北麓，经过二三百万年的搬运堆积，终于形成了黄土高原。

不过，近年来科学家发现有许多现象是黄土风成学说无法解释的。譬如，黄土中粗粉砂含量由西北向东南递减，黏土的含量却从西北向东南递增，这种自西北向东南的有规律的排列呈叠瓦阶梯状的分布过渡，而不是平面模糊过渡。这种叠瓦阶梯状的分布过渡更像是洪水的杰作。对此，有科学家又提出新的理论——黄土高原灾变水成学说，认为黄土高原是喜马拉雅运动带来洪水泛滥、黄土沉积和新构造运动抬升形成的。

黄土高原

盆地的形成

　　盆地主要是由于地壳运动造成的。在地壳运动中，地下的岩层受到力的作用变得弯曲产生断裂。这时有些岩层上升隆起，有些部分就下降凹陷。如果下降凹陷地区被隆起的部分所包围，就形成了盆地的雏形。这些突起的部分往往是地壳中比较软且并不稳定的部分，受到地壳运动的挤压而剧烈褶皱，继续升起而成为环绕盆地的山脉。至于盆地中间的地壳，通常是地壳中比较坚实稳定的部分，发生运动时，往往是整体大面积地下降，这就进一步加剧了盆地地质构造的形成。地壳运动造成盆地这种地质构造以后，再经过风、水、阳光、生物等自然力的改造，就成了我们今天所看到的盆地风貌了。

"火焰山"

根据《西游记》一书记录，唐僧师徒在赴西天取经的路上，途经"火焰山"难以行走。孙悟空向铁扇公主借了把芭蕉扇，消灭了大火，方才重新踏上西行之路。书中描绘的"火焰山"是否存在呢？

事实上，这座烈火炎炎的"火焰山"，指的是我国的吐鲁番盆地。吐鲁番盆地没有大火，为什么书中要说它是"火焰山"呢？大家都知道，吐鲁番盆地是天山山脉中的一个盆地，海拔－155米。那里气候干燥，在夏季熊熊烈日照耀下，气温升得很高。况且盆地陷落很深，热气不易散发，因此6~8月的平均最高气温在38℃以上，大于40℃的日子也会有40天左右，最高气温会高达48.9℃。夏季地表的最高气温在70℃，沙漠表层的温度可达82.3℃，因此当地流传着"沙子里面烤鸡蛋，戈壁滩上烙大饼"的说法。另外，吐鲁番盆地中卧躺着一条红色的砂岩，在夏季熊熊烈日照射下，把周围照得火红。酷热的气温，滚烫的地表温度，再加上红色的光混合在一起，形成了一座名不虚传的"火焰山"。

火焰山

"紫色盆地"

四川盆地位于长江上游，四川省东部。它的西面是世界屋脊——青藏高原，南面是云贵高原，北面是秦岭和大巴山，东面是巫山。四面的高山，大部分海拔在1000～3000米之间，而盆地的底部，海拔是300～600米，从形状来说，就像一个四周高、中间低的大盆子。盆地内部广泛分布着起伏不大的丘陵，由于这里的岩石是紫色页岩，这里的土壤为紫色土，一眼望去，到处都是一片紫红的颜色，因此人们形象地称它为"紫色盆地"。

四川盆地鸟瞰图

沙漠的形成

　　沙漠形成的两个主要原因，就是干旱和风，再加上人们滥伐森林树木，破坏草原，令土地表面失去了植物的覆盖，沙漠便因而形成。沙漠的形成，除了干旱气候条件与滥伐森林树木，破坏草原外，还要有丰富的沙漠物质来源，它们多分布在沉积物丰厚的内陆山间盆地和剥蚀高原面上的洼地和低平地上。沙源有来自古代或现代的各种沉积物中的细粒物质。如中国的塔克拉玛干沙漠和古尔班通古特沙漠的沙源于古河流冲积物；腾格里沙漠、毛乌素沙漠和小腾格里沙漠的大部分沙源于古代与现代的冲积物和湖积物；塔里木河中游和库尔勒西南滑干河下游的沙漠都来自现代河流冲积物；乌兰布和沙漠和贺兰山、狼山－巴音乌拉山前地区的沙丘来源于洪积－冲积物；鄂尔多斯中西部高地上的沙丘来源于基岩风化的残积物。撒哈拉沙漠是世界上最大的沙漠，在阿拉伯语中"撒哈拉"意即"大荒漠"。

沙漠风光

沙漠绿洲

　　如果你打开地图看一看，就会发现：绿洲大多背靠高山，面临沙漠。高山上是一片冰雪世界，终年白雪皑皑。每当夏日，高山冰雪融化，融化的雪水汇成一条条河流。河流在上流动时，因地形陡峻，水流湍急，能挟带大量沙石，甚至很大的石块也能搬运。但是，出了山口以后，地形突然变得平坦起来，河流流速骤减，挟带泥沙的能力大大降低，较大的石块首先沉积下来，接着较细的石子和泥沙也沉积下来，堆在山口附近。同时，由于水分沿途的渗漏和蒸发，除水量较大的河流能流得较远以外，许多河流往往不能一直流到沙漠的中心，就在半途隐入地下的沙子和卵石之中，成为地下水，有水自然就容易形成绿洲。居住在沙漠地区的人们，长期以来就引用河水或开发地下水来灌溉庄稼，供居民和牲畜饮用。所以，在沙漠边缘、背靠高山的地方往往是绿洲分布的地方。

沙漠绿洲

为什么沙漠会有各种颜色？

　　一般人都认为沙漠只是枯黄色的，其实沙漠还会有其他各种颜色。如澳大利亚的辛普森有一片沙漠是红色的；在美国南部的路索罗盆地有一片沙漠是白色的；中亚的卡拉库姆沙漠是黑色的；而美国的亚利桑那沙漠是红、黄、紫以及蓝、白等各种颜色，真是五彩缤纷，绚丽至奇。

　　沙漠会有各种颜色是什么原因呢？沙漠里的沙主要是由岩石风化而来，但岩石里含有各种颜色的多种矿物质，因此造成了沙漠有各种各样的颜色。辛普森沙漠的沙子里含有铁，铁被氧化后呈红色；路索罗盆地沙漠的沙子里含有石膏质，而石膏晶体被风化后呈白色；而卡拉库姆沙漠则主要是由黑色岩石风化而成；亚利桑那沙漠的沙子里含许多种颜色的多种矿物质，因此绚丽多彩。

"地球之肾"

　　地球上的湿地在保护地球环境方面起着极其重要的作用，因此被称为"地球之肾"。湿地可以调节降水量不均所带来的洪涝与干旱；湖泊、江河、水库等大量水面及其水生植物可以调节气候；湿地植被的自然特性可以防止和减轻对海岸线、河口湾、江河湖岸的侵蚀；在地势较低的沿海地区，下层基底是可以渗透的，淡水一般位于较深的咸水上面，通常由沿海的淡水湿地所保持。因此，湿地可以防止海水入侵，保证生态群落和居民的用水供应，防止土地盐碱化；湿地流入到蓄水层的水，可以成为浅层地下水系统的一部分，使之得以保存和及时补充；湿地生态系统大量介于水陆之间，具有丰富的动植物物种。

湿地风光

东非大裂谷

在1000多万年前，地壳的断裂作用形成了这一巨大的陷落带。板块构造学说认为，这里是陆块分离的地方，即非洲东部正好处于地幔物质上升流动强烈的地带。在上升流作用下，东非地壳抬升形成高原，上升流向两侧相反方向的分散作用使地壳脆弱部分张裂、断陷而成为裂谷带。张裂的平均速度为每年2~4厘米，这一作用至今一直持续不断地进行着，裂谷带仍在不断地向两侧扩展着。由于这里是地壳运动活跃的地带，因而多火山多地震。东非大裂谷是纵贯东部非洲的地理奇观，是世界上最大的断层陷落带。有关地理学家预言，未来非洲大陆将沿裂谷断裂成两个大陆板块。

东非大裂谷

沼泽的形成

沼泽的形成，主要取决于水热状况和地貌。其中，水分条件是沼泽形成的主导因素，因为过湿的地表才能引起喜湿植物的侵入，从而导致土壤通气状况的变化，并在生物作用下产生泥炭的堆积。

沼泽的形成可以分为水体沼泽化和陆地沼泽化。在气候湿润的地区，河水挟带着大量泥沙流入湖泊。在湖边或河口地区，由于水面突然变宽，水流速度突然减慢，泥沙在湖边沉积下来，形成浅滩，一部分细小的物质随着水流漂到湖泊开阔的地方，沉淀到湖底。这样年深日久，就使湖泊变得越来越浅。随着湖水深浅的不同，各种水生植物逐渐繁殖起来。这些植物不断生长、死亡，大量腐烂植物的残体不断在湖底堆积，逐渐形成泥炭。随着湖底的逐渐淤浅，又有新的植物出现，并从四周向湖心发展，使湖泊变得越来越小，越来越浅。当湖泊中的沉淀物增大到一定限度时，原来水面宽广的湖泊就变成浅水汪汪、水草丛生的沼泽了。这是水体沼泽化。另外有些高原、高山地区，由于冬季地面积雪，到次年春夏季节冰雪融水，地面积水，短草和苔藓植物杂生，也可形成沼泽。

岛屿的形成

有些岛屿本来是大陆的一部分，由于地壳发生运动，它们和大陆之间出现了断裂沉陷地带，因而变成了和大陆隔海相望的岛屿，如我国的台湾岛就是这样形成的。有时大陆由于受到地球张力的作用，可以产生一些很深很大的裂缝，来自地下深处的物质挤了进来，将裂缝逐渐撑开，形成新的海底，而那些分裂出去的大陆的碎块，便成了远离大陆的岛屿。如世界第一大岛格陵兰岛就是这样从欧洲大陆分离出去的。有时地球气候变暖，冰雪消融，使整个海洋水量增加，海面升高，于是大陆边缘的低凹部分就会被淹没，这时没有被淹没的那些高地、山峰就变成了岛屿。北冰洋中的许多岛屿就是这样形成的。以上这些岛屿都可以称之为大陆岛。

还有许多岛屿，原先不是陆地，它们是海底火山喷出的熔岩和碎屑物质在海底堆积而成的。如太平洋中的夏威夷群岛就是一群火山露在海面上形成的。这些岛屿被称为火山岛。另外还有数以亿计的珊瑚虫分泌出的石灰质特质连同它们的遗骸形成的珊瑚岛。如我国南海诸岛中的大部分岛屿就属于珊瑚岛。此外，还有一些岛屿是在大河入海处，由河水中挟带的泥沙冲积而成的，被称为冲积岛，如我国的崇明岛。

"雅丹"地貌

　　雅丹，维吾尔语原意为"陡壁的小丘"，现泛指干燥地区一种风蚀地貌。"雅丹"地貌通常发育在干旱地区的湖积平原上，由于湖水干涸，黏性土因干缩裂开，盛行大风沿裂隙不断吹蚀，裂隙逐渐扩大，使原来平坦的地面演变成许多不规则，从而具有与盛行风向平行延伸的陡壁的垄岗（墩台）和宽浅不一沟槽相间的奇特地貌。这种地质现象在新疆罗布泊东北很典型，在罗布泊古湖盆的东、西、北部，有3000平方千米这样的"雅丹"地貌。世界各地的不同荒漠，包括突厥斯坦荒漠和莫哈韦沙漠在内，也都有"雅丹"地貌。

雅丹地貌

丹霞地貌

　　丹霞地貌属于红层地貌，是一种水平构造地貌。它是指红色砂岩经长期风化剥离和流水侵蚀，形成孤立的山峰和陡峭的奇岩怪石，是巨厚红色沙砾岩层中沿垂直节理发育的各种丹霞奇峰的总称。主要发育于侏罗纪至第三纪的水平或缓倾的红色地层中，这种地形以广东北部的丹霞山最为典型，所以称为丹霞地貌。丹霞地貌最突出的特点是"赤壁丹崖"广泛发育，形成了顶平、身陡、麓缓的方山、石墙、石峰、石柱等奇险的地貌形态，各异的山石形成一种观赏价值很高的风景地貌，是名副其实的"红石公园"。

广东丹霞山

石灰岩山洞为什么会有冷暖之分？

石灰岩山洞，有的是寒气袭人，有的却温暖异常，在同一个时间里进去，仿佛是经历了两个季节。为什么山洞有冷和热的分别呢？原来，这主要是冷、暖空气比重不同的缘故。冷空气较重而下沉，暖空气较轻而上升。洞口向下的山洞里，较轻的暖空气充塞其中，不能流出，因而格外显得温暖，成为"暖洞"；洞口朝上的山洞里，冷空气钻入洞内，越积越多，好像天然的冷空气库，这样的山洞就成了"冷洞"。

钟乳石和石笋

生长石笋和钟乳石的岩洞，都是石灰岩洞。流经石灰岩区的地下水，经石灰岩罅隙，到达石灰岩洞顶时，因蒸发作用，其中所含的碳酸钙沉淀重新凝固，自上而下，结成下垂的冰柱状，称为钟乳石。由钟乳石下滴的水，落在洞底，蒸发后石灰质沉淀，屹立地面如笋状，即称为石笋。钟乳石和石笋不断扩大，最终相接而成石柱。

河流中的漩涡

我们会发现在江河水流较急的水面上，常常会出现这样的情况：正在流淌的水流，到了某一个地方突然打起转来，也就是所谓的"漩涡"。在江河中，漩涡并非处处都有。有些漩涡出现在桥梁的桥桩以及冒出水面的礁石旁边。主要是由于在流淌得很急的水流中，有一部分水流被桥桩或礁石挡住去路，无法再前进，于是被迫退回来，但后面涌上来的水流，还是像以前一样一股劲地向前流，并把被迫退回来的那部分水流带着一起前进，但当它们流到前面却又被桥桩或礁石挡回来，像这样进而又退，来来去去的水流，就只能在被挡住去路的原地方打转，于是出现了漩涡。

此外，在江河水道急转弯的地方，也会出现漩涡。那里，因为水都是沿直线流的，因此靠近弯道内侧的水道也要脱离河岸的导向而笔直向前流，然而弯道外侧一边的河岸却强迫外侧的水流转向流过来，于是内侧的水流受到外侧水流的压力，就会被迫退回来，这样也就形成了漩涡。我们如果去江河游泳，千万不能游进漩涡里，因为急剧旋转的漩涡水流，会把人旋到水底下去，这是相当危险的。

瀑布的形成

我们可能认为瀑布的形成很简单，就是一条河流翻过一个悬崖峭壁，就形成了一个瀑布。其实瀑布的形成主要有三种：其一像尼亚加拉瀑布，它是尼亚加拉河水翻过白云石的岩壁，直落入下面的一个大水池里，奔腾不息的水流无休止地侵蚀页岩，淘空了白云岩的岩洞，一块块的白云岩崩落而下，使得悬崖永远陡峭；另一种瀑布的形成就是在古代有一大块熔化了的岩石从下面挤上来，随着时间的推移，慢慢地岩石硬化了，后来就在河道中形成了一堵墙，瀑布由此而形成；第三种情况是古代的冰川切入山谷之中，使两侧形成悬崖峭壁，瀑布由此生成。此外，地球表面的运动使高原进一步加高，而河流就在它的边缘地带，这样就形成了高原上的瀑布。

黄果树瀑布

尼亚加拉大瀑布为什么会后退？

在北美洲的伊利湖和安大略湖之间的尼亚加拉河上，有一个宽约1249米、落差51米的世界著名的大瀑布——尼亚加拉大瀑布。它气势磅礴，水声震耳欲聋，数里之外就能听到那雷鸣般的瀑布声。因此，印第安人称它"尼亚加拉"，意思是"雷神之水"。尼亚加拉大瀑布下的基岩，上部是较硬的石灰岩，下部是较软的页岩。俗话说："滴水穿石。"大瀑布每分钟有几百万千克的水从约50米高处直泻而下。在强大的急流猛烈冲击和砂石摩擦下，基岩下部较软的页岩被掏空，基岩上部随之崩塌，造成瀑布不断后退。瀑布每年平均后退约1米左右。

尼亚加拉大瀑布

尼罗河的河水为什么会变色？

尼罗河发源于非洲中部，流经苏丹、埃及等文明古国，向北注入地中海，是世界第一长河。尼罗河又是一条会变色的河，一年中，河水自清澈变为绿色，又变为红褐色，到最后才复原到基本颜色。这是为什么呢？

尼罗河的上游分成两端，是白尼罗河与青尼罗河，两河互相融合，河水在流经开罗时，形成了巨大三角洲，两岸物产丰富。每年 2～5 月，是枯水期，河水清澈。从 6 月开始，上游的白尼罗河带着漂浮的苇草等物流过，于是水呈绿色。到了 7 月，尼罗河进入了泛滥期，占流量 4/7 的青尼罗河此时水量猛增，许许多多泥沙使尼罗河呈一片红褐色，其中 9 月份河水最红。到了 11 月，水位降低，尼罗河又回到了清澈见底之状。

尼罗河两岸的居民生活及耕种与尼罗河的变色有很大的关系。当人们见到水色发生变化，就马上知道河水的动向，赶紧迁离避洪或播谷耕种。会变色的尼罗河，使得两岸的土地成了丰收的宝地。

尼罗河风光

大河入海处为什么会有三角洲？

在世界各大河的入海处，大都有一个面积很大的三角洲。为什么会出现这种情况呢？

三角洲是河口地区的冲积平原，是河流入海时所挟带的泥沙沉积而成的。世界上每年约有160亿立方米的泥沙被河流搬入海中。这些混在河水里的泥沙从上游流到下游时，由于河床逐渐扩大，在河流注入大海时，水流分散，流速骤然减少，再加上潮水不时涌入有阻滞河水的作用，特别是海水中溶有许多电离性强的氯化钠（盐），它产生出的大量离子，能使那些悬浮在水中的泥沙也沉淀下来。于是，泥沙就在这里越积越多，最后露出水面。这时，河流只得绕过沙堆从两边流过去。由于沙堆的迎水面直接受到河流的冲击，不断受到流水的侵蚀，往往形成尖端状，而背方水面却比较宽大，使沙堆成为一个三角形，人们就给它们命名为"三角洲"。

雅鲁藏布江谷地为什么有丰富的地热资源？

　　按板块构造学说，雅鲁藏布江谷地正是亚欧板块和印度板块相碰撞的缝合线位置，这里又由于处在地球上最年轻的剧烈隆起区，所以构造活动强烈，岩浆活动频繁。此外，谷地除了东西向的断裂外，还有南北向的断裂，为岩浆和地热流体的对流提供了通道。熔融的岩浆把高温水和高温蒸汽通过大量的裂缝送到地表。

　　据对西藏部分地区考察发现，地热田及水热区达 420 个以上，总热流量为 230×107 焦耳/秒，相当于一年燃烧 240 万吨标准煤释放的热量。丰富的地热资源不仅为西藏的生产和人民的生活提供了能源，供土地灌溉、居民采暖，还能医治各种高原常见病和多发病，并可作为旅游资源观赏。

雅鲁藏布江大峡谷

湖水咸淡之谜

原来，大多数湖泊的水，都是由河水流入的。在流动的过程中，河水把所经过地区的土壤和岩石里的一些盐分溶解了；还有沿途流入河流里的地下水也使它的盐分增加，当河水流入湖泊时，就把盐分带给了湖泊。如果湖水能从另外的出口继续流出，盐分就会也跟着流出去，像这种水流非常畅通的湖，盐分很难集中。如北美五大湖，许多大河都流入湖中，然后通过湖水又都流入圣劳伦斯河，最后注入大西洋，所以它们都是淡水湖。假如有些湖泊排水非常不便，而且气候干燥，蒸发消耗了很多水分，盐分便会越积越多，湖水就会越来越咸，成为咸水湖。在荒漠和草原地带，因为降水稀少，蒸发强烈，地势平坦，排水不畅，咸水湖往往分布较多。如世界著名的大盐湖——死海。

但也有人认为，在地质时期，咸水湖原是海的一部分，海水退了以后，有一部分海水就遗留在低洼地方，成为现在的湖，所以湖水保留了很多的盐分。还有人认为，咸水湖是因为结晶岩石经过风化，所含盐分释放出来，或者地下水把古代沉积的盐溶解之后带入湖中等原因造成的。

湖水颜色的深浅变化

在阿富汗的兴都库什山脉中的一条河上，有许多天然的石灰岩坝，拦成了一串明镜般的高山湖泊。这串湖泊沿着班得阿米尔河排列，海拔约3000米。各湖的颜色因水的深浅、阳光的强弱、石灰岩的薄厚以及湖中水藻的多少和种类而不同，有的乳白，有的浅绿，有的深蓝，有的深绿。这是为什么呢？

原来，湖间的天然石坝上的钟乳由周围的岩石里的矿物质逐渐积聚而成。就是这些矿物质（主要是碳酸钙）才构成了湖泊。溶解了碳酸钙的水接触水生植物，就会引起化学反应，使一部分碳酸钙沉积在湖底或湖边，逐渐形成一种多孔的岩石，称为石灰岩。沉积湖边的石灰岩在阳光的照耀下闪闪发光。而从湖底的石灰岩反射出来的光线，则使湖水呈现各种颜色。

为什么有的湖泊能形成天然沥青呢?

在加勒比海的东南端,有一个美丽的特立尼达岛,这里有一个充满神奇色彩的天然沥青湖。特立尼达的沥青湖是世界上最大的天然沥青湖。沥青湖就像传说中的"宝湖"一样,沥青取之不尽,用之不竭,年年开采,从不见减少。为什么会有天然沥青湖呢?

科学的发展使人们揭开了沥青湖形成的秘密。原来,在这些地方,由于古代地壳变动,岩层断裂,地下石油和天然气涌溢而出,与泥沙等物质化合成为沥青,在湖床上逐渐堆积硬化,从而形成了如今的天然沥青湖。天然沥青湖的沥青质地优良,具有高度的结构稳定性和很强的粘合力。

贝加尔湖为什么会有海洋动物呢?

　　贝加尔湖并不大,长约 640 千米,平均宽约 48 千米,但令世人称奇的是,湖中不仅有 2000 多种特有的淡水湖动物,还生活着大量的海豹、鲨鱼、龙虾、海螺等只有在海洋中才能见到的动物。为什么海洋动物会出现在淡水湖中?

　　科学家们对此进行了不断探索后认为,贝加尔湖以前是"北方的海洋",后来发生地壳运动,周围高山隆起,它却相对下降,形成了湖泊。再后来周围众多的河流流入湖泊,渐渐地冲淡湖水,使之成为淡水湖,结束了它作为海洋的历史。而原来大多数生活在海洋中的海洋生物,在贝加尔湖变迁为淡水湖的过程中绝灭。但是,有些生存能力特强的动物,慢慢地适应了淡水环境,成为世界上特有的淡水动物,如贝加尔海豹等。

　　也有学者队为,贝加尔湖中的淡水类海洋动物,原先生活在海洋中,以后不安于海洋生活,进入叶尼塞河,并不断地向河流上游运动,最终到达贝加尔湖,逐渐习惯了在淡水中生活,繁衍后代,便形成了在淡水湖中的"海洋动物"。

贝加尔湖

冰川的形成

在南极、北极以及其他一些高山地区，因为气温相当低，一年降下的雪量大大超过被融化的雪量。雪就会越积越多，积雪越压越紧。白天被融化的雪，到了晚上就又冻成了冰晶。冰晶与雪花结成白色球形晶体，就成为粒雪，粒雪经过合并压实，而变成了蔚蓝色透明的冰。这种冰的比重比普通冰小一点，叫做冰川冰。冰川冰积累到相当厚度，受重力作用，就从高处向低处流动，人们因此称之为冰川。冰川大约每天流动 1 米以上，个别的流速能达每天 20 米。

南极海上冰川

流动的冰川

我们都知道，冰是固体，怎么会流动呢？原来，冰在强大压力的长期作用下，会变得具有一定的塑性，能够沿着山坡缓慢地下滑，像一条长长的舌头，这就是冰川。当它滑到雪线以下后，就会开始融化。不过并非一下子就化完了，还可以滑行一段距离，但终究是有限度的，不能像水流得那样远，流动的速度也很缓慢，一般一年不过向前移动几十至几百米。但冰川对地面的刨刮作用却是很强的，冰川所经过的地方常常造成深而宽的 U 形谷。

南极的海上冰山

海上漂浮的冰山其实是南极大陆冰盖破裂后，进入海洋的巨大冰块。南极大陆中间高，四周低，像一个盾。数万年不化的积雪在它上面覆盖了数千米厚的冰盖。冰盖自身的巨大压力使它们不断地向四周的大陆边缘运动。在海边，这些冰渐渐伸入水中，叫做陆缘冰。当它们伸入水中过多时，由于水的浮力，它们会折断，成为一块漂浮在海上的巨冰，这就形成了冰山。

雪蚀作用

　　雪蚀作用是冰缘气候条件下积雪场频繁的消融和冻胀所产生的一种侵蚀作用。产生雪蚀作用的地区分布在没有冰盖的极地和亚极地以及雪线以下、树线以上的高山带。那里年均气温为0℃左右，属于永久冻土带。雪场边缘的交替冻融，一方面通过冰劈作用使地表物质破碎；一方面雪融水将粉碎的细粒物质带走，故雪蚀作用包括剥蚀和搬运两种作用。随着雪场底部加深，周边扩大，山坡上逐渐形成周边坡度小的宽浅盆状凹地，即雪融凹地。其形态、成因和空间分布均不同于冰斗，但两者又有联系。当气候进一步变冷、雪线下降时，雪蚀凹地可发育成冰斗；反之，气候转暖、冰川消退时，冰斗可退化为雪融凹地。

　　不同自然地理条件下的雪蚀作用方式和速度各不相同。在纬度较低、降水量大、年冻融日数多的地方，雪蚀作用速率较快，雪蚀凹地深、面积大。如中国东北小兴安岭地区，雪蚀凹地十分普遍。反之，在纬度高、降水量少、夏温低的地方，雪蚀作用就弱。地面坡度的影响是：坡陡＞40°，雪场不易存在；平地上雪蚀作用极慢；30°左右的坡地上，雪蚀作用最为活跃。

泉水能治病

　　泉水不是平时人们生病时服用的化学合成药物，那为什么有的泉水会有为人治病的本领呢？

　　水是一种本领强大的溶剂，地下含有许多种矿物，地下水在地下流动时，溶解了它所流经地区的可溶矿物。由于流经地区不同，地下水的矿物含量和种类也有所不同。而泉水是从地下涌出地面的地下水，所以泉水里含有不同的矿物成分，我们把含有大量矿物质的泉，叫做矿泉。矿泉里不仅含有矿物，而且还含有气体，这就是有的泉水可治疗某些疾病的原因。

　　出产石油的地区，矿泉水里含有比较多的硫化氢，这种矿泉水能辅助治疗心脏病和风湿病。有的矿泉水在地下碰到了含有放射性元素的岩石，就带着一些放射性元素一起流出地面，只要在它刚流出来时加以利用，会对一些疾病起到特殊的治疗作用。

　　当然，矿泉水也不都是对人体有益的。经过医生化验，患有肺结核等病的人，如果喝了含有较多的二氧化碳和铁质泉水，不但不会治愈疾病，反而会加重病情。有些含有铜盐的泉水，人喝了以后，轻者声音嘶哑，重者丧命。所以，矿泉水是不能随便乱喝的。

济南趵突泉

按时喷射的泉水

在我国广西壮族自治区的东兰县有一处奇特的泉水，它在每天 8 时、12 时、17 时这三个时间段的前后都会准时喷出水来，喷水时间长达 50 ~ 60 分钟。不仅如此，这个泉水还具有能预报气象的奇特现象：每当喷出 3 米多高的浑水时，人们就知道将要下雨了。地质学家们将这种喷一会儿、歇一会儿的泉，称之为"间歇泉"。

科学家研究后发现，间歇泉之所以能按时喷出泉水的原因，是因为这儿的泉水是在地层下强大的蒸气压力下喷出地面的。在地下，地下水与炽热的岩浆相混合，温度不断升高，再加上这种泉眼的裂缝不仅窄而且深，导致深处的热水与土层的冰水对流起来很困难。造成上层的仍然是冷水，蒸气与热量不能出来了，蒸气越积越多，压力越来越大，当压力到达一定程度时，就把这些缝隙中的水压了出来，形成喷泉。如果泉水一旦喷出来，压力马上减少，于是泉水停止喷出。等到了一定的时间，压力又重新聚积，到了一定的程度时，泉水又重新喷发。因为泉水的信道长度是一样的，每次喷发的时间间隔也就相同。这样就出现了"报时泉"。

前面所说的预报气象的泉水，是因为每当遇到下大雨时，大气中的压力就会发生巨大变化，就引起泉水内的压力改变。当大气的压力变化时，泉水就能马上反映出来，也就有预报气象的效果了。

美国黄石公园老实泉

温泉的形成

温泉的形成，一般而言可分为两种：一种是地壳内部的岩浆作用所形成，或为火山喷发所伴随产生，火山活动过的死火山地形区，因地壳板块运动隆起的地表，其地底下还有未冷却的岩浆，均会不断地释放出大量的热能。由于此类热源之热量集中，因此只要附近有孔隙的含水岩层，不仅会受热成为高温的热水，而且大部分会沸腾为蒸气。

另外一种则是受地表水渗透的循环作用所形成。也就是说当雨水降到地表向下渗透，深入到地壳深处的含水层形成地下水。地下水受下方的地热加热成为热冰，而深层热水多数含有气体，这些气体以二氧化碳为主，当热水温度升高，上面若有致密、不透水的岩层阻挡去路，会使压力愈来愈高，以致热水、蒸气处于高压状态，一有裂缝即窜涌而上。热水上升后愈接近地表压力则逐渐减少，由于压力渐减而使所含气体逐渐膨胀，减轻热水的密度，这些膨胀的蒸气更有利于热水上升。上升的热水再与下沉较迟受热的冷水因密度不同所产生的压力反复循环产生对流，在开放性裂隙阻力较小的情况下，循裂隙上升涌出地表，热水即可源源不绝涌升，最终流出地面，形成温泉。

海洋的形成

在很长的一个时期内，地球周围的天空中水汽与大气共存于一体，浓云密布，天昏地暗。随着地壳逐渐冷却，大气的温度也慢慢地降低，水汽以尘埃与火山灰为凝结核，变成水滴，越积越多。由于冷却不均，空气对流剧烈，形成雷电狂风，暴雨浊流。滔滔的洪水，通过千川万壑，汇集成巨大的水体，这就是原始的海洋。

原始的海洋，海水不是咸的，而是带酸性、缺氧的。由于水分不断蒸发，反复地形成云和雨，重新又落回到地面，把陆地和海底岩石中的盐分溶解，不断地汇集于海水中。这样经过亿万年的积累融合，海水就慢慢变成了今天的咸水。

同时，由于大气中当时没有氧气，也没有臭氧层，紫外线可以直达地面，于是靠海水的保护，生物首先在海洋里诞生。大约在38亿年前，在海洋里产生了有机物，主要是低等的单细胞生物。在6亿年前的古生代，有了海藻类，在阳光下进行光合作用，产生了氧气，然后慢慢积累，形成了臭氧层。此时，生物就开始登上陆地。就这样，经过水量和盐分的逐渐增加以及地质历史上的沧桑巨变，原始海洋逐渐演变成今天的海洋。

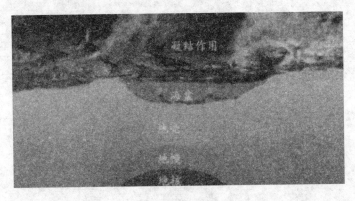

海洋形成示意图

蓝色的海水

人们描写海洋的时候，往往要写到海水是蔚蓝色的，但是为什么海水是蓝色的呢？

其实，海水并不是生来就是蓝色的，如果你舀一点海水——不论是南极的还是北极的，也不论是太平洋的还是大西洋的，在实验室中观察，都是无色透明的。而大部分海水所以蓝得那样可爱，这完全是太阳光的巧手打扮。太阳光是由红、橙、黄、绿、蓝、靛、紫七种单色光组成的。当这七种光在一起"肩并肩走"的时候，谁也看不出它们的真面目，只有当它们从一种物质"跑"到另一种物质中去，或者遇到了非常细小的障碍物时，波长越短的光，散射光越强。例如：紫光、蓝光，从一种物质到另一种物质，或者遇到阻碍时，就纷纷散射到周围去了，或者被折射回来。

海水正是这种情形，它的颜色不但随着深度而变化，同时，海水要经常改变它的成分，每一个水的分子，每一颗微细的泥沙，就好像卫士一样，把守着海水的大门，不让光线深入进去。在太阳光中，红光、橙光的波长较长，它们好像长了一双长腿一般，能绕过一切阻碍勇往直前。它们在前进当中，不断被海水吸收了，使得海水的温度升高、蒸发。而蓝光和紫光一遇到阻碍就向四面散开，或者干脆就反射回来了。海水越深，散射、反射的蓝光越多，所以海水就成了我们所看到的蓝色了。

红海的水为什么是红色的?

红海位于亚洲阿拉伯半岛与非洲大陆之间。那里气候炎热干燥，海水蒸发强烈，使红海成为世界上盐度最高、水温最高的海。红海较高的水温和浓浓的盐度，正适合蓝绿藻类在这里大量地生长与繁殖。蓝绿藻类的颜色并非蓝绿色，而是红色的，它们不仅本身呈现红色，同时把周围的海水也映成红色，红海就由此而得名。

另外，来自撒哈拉大沙漠的红色沙尘经常侵袭红海上空。当狂风卷起红色的沙尘来到红海上空的大气中，大气便被染成一片红色。大风又掀起红海红色的海浪，天空、海水，加上岸边的红色岩壁，形成美丽壮观的红色的世界。

赤　潮

　　赤潮是水体中某些微小的浮游植物、原生动物或细菌，在一定的环境条件下突发性地增殖和聚集，引起一定范围内一段时间中水体变色的现象。通常水体颜色因赤潮生物的数量、种类而呈红、黄、绿和褐色等。

　　赤潮可通过产生毒素，对动物鳃组织构成物理性刺激或降低水体中溶解氧引起海洋动物的大量死亡，同时藻类毒素通过在鱼类和贝类体内富集，最终对摄食它们的其他动物包括人类产生毒害作用。

　　赤潮是一种早就存在的自然生态现象。由于社会经济的发展、环境污染，以及全球气候变化，使得赤潮的发生越来越频繁，面积不断扩大，危害越来越重。

赤潮

黑海为什么是黑色的?

亚欧大陆中部,有个辽阔的海域。该海域的海水颜色不同于一般的海,它不呈蔚蓝色,而呈现黑色。"黑海"正由其颜色而得名。那为什么黑海的颜色是黑色的呢?

黑海海域辽阔,但它的出口却只有一处同地中海相连接,即西面的土耳其海峡。海峡有的地方又窄又浅,最窄处只有700米宽,最浅处只有33米深,流量受限,使黑海长期与地中海的海水未能及时交换。黑海表层海水由于受顿河、第聂伯河、多瑙河等大量淡水流入的影响,密度较小,而黑海深层海水受地中海高盐度海水影响,密度较大。密度大的海水在下层,密度小的海水在上层,使得200米以下的海水静静地躺在海底,与外界隔绝,氧气得不到补充。缺氧之后,水中的硫化细菌活跃起来,把海底大量有机物分解,形成硫化氢。高浓度的硫化氢把海底淤泥染得黑黑的。黑色的海底贪婪地把照射到海水中的各种颜色的光全部吸收。因此,我们看到黑海的海水,便是黑色一片了。

黑海遥感图

潮涨潮落

我国古代余道安在《海潮图序》一书中说："潮之涨落，海非增减，盖月之所临，则之往从之。"汉代思想家王充在《论衡》中写道："涛之起也，随月盛衰。"他们都指出了潮汐与月球有关系。到了 17 世纪 80 年代，英国科学家牛顿发现了万有引力定律以后，提出了潮汐是由于月球和太阳对海水的引力引起的假设，从而更加科学地解释了潮汐产生的原因。

原来，海水会受到月球、太阳和其他天体的引力作用，因为月球离地球最近，所以月球的引力较大。这样海水在月球的引力作用下形成了引潮力。由于地球、月球在不断运动，地球、月球与太阳的相对位置在发生周期性变化，因此引潮力也在周期性变化，这就使潮汐现象周期性地发生。

海水为什么总不见涨?

"黄河之水天上来，奔流到海不复回"，这是唐朝诗人李白所写的一首诗。诗中所写的内容对吗？滚滚黄河水向东奔流，源源不断，河水不断注入海洋，为什么不见海水增高呢？

原来，海洋水在强烈的阳光照射下，不断地蒸发上升，到达高空。其中一部分凝结成小水滴，以降雨的形式，回落到大海中。一部分水汽在风的吹送下，运动到陆地，以降水的方式返回陆地，一部分下渗到地下，成为地下水，也返回到大海中去，如此循环往复。看来，黄河之水确是从天上来的，但决不会奔流到海不复回，而是通过水汽的输送，以降水的方式返回。每年陆地上空的降水量为9.9万立方千米，蒸发6.3万立方千米，而每年注入海洋3.6万立方千米，加上海洋每年的降水量41.2万立方千米，与海水的蒸发量大约相等，所以海水并不见涨。

海水涨潮

海水里的盐

我们都知道，海水很咸，里面含有很多的盐。但是海水里这么多的盐是从哪儿来的呢？科学家们把海水和河水加以比较，研究了雨后的土壤和碎石，得知海水中的盐是由陆地上的江河通过流水带来的。当雨水降到地面，便向低处汇集，形成小河，流入江河，一部分水穿过各种地层渗入地下，然后又在其他地段冒出来，最后都流进大海。水在流动过程中，经过各种土壤和岩层，使其分解产生各种盐类物质，这些物质随水被带进大海。海水经过不断蒸发，盐的浓度就越来越高，而海洋的形成经过了几十亿年，海水中含有这么多的盐也就不奇怪了。

死海为什么淹不死人?

死海位于阿拉伯半岛,约旦河的最南端,是世界上湖面海拔最低的湖泊,比地中海海面低 392 米。

相传在公元 70 年,古罗马统帅狄度为了处决战争中被俘来的奴隶,将他们带到死海,欲将他们投进湖中淹死。然而,当带有手铐脚镣的奴隶被投入死海后,一个个都神奇地浮在水面上。不久,水浪又把奴隶们送回了岸边。狄度再次命令士兵把犯人投入湖中,结果奴隶们仍和上次一样,平安地回到了岸边。狄度和他的士兵们都大惊失色,以为这些奴隶有神灵保护,于是下令将奴隶们全部赦免释放。

为什么人在死海中不会被淹死呢?原来,两三百万年前,由于地壳运动,当地产生了一次巨大的地表断裂,从而形成了死海。死海的两岸是悬崖绝壁,最高处达 700 多米。尽管有约旦河和哈萨河中的水流入死海,但是,这里的气候是又干又热,死海不断地蒸发着流进湖中的河水,却把盐留在湖中。天长日久,湖水中的盐分越积越多。现在,盐分最多的地方其含盐量可达 300% 左右,要比普通海水的含盐量大好多倍呢!水中的含盐量大,其相对密度自然也大,死海中的水相对密度为 1.2 左右,而正常人的相对密度最大也不会超过 1.1。在这样的水中,人自然就浮起来了。

死海

海水为什么不容易结冰?

冰点就是水的凝固点,即液态水和固态冰可以平衡共存时的温度。纯水的冰点在1个大气压下为零摄氏度,而海水的冰点除了与压力有关外,还与海水中盐含量的多少有关。在相同的压力下,海水中盐含量越大,海水的冰点越低;反之,海水中盐含量越小,海水的冰点越高。海水结冰分两种情况:盐度小于24.7‰的海水,因为它的最大密度值的温度在冰点以上,在上、下层海水都冷却到最大密度时的温度以后,只要表面海水再冷却到冰点就可以结冰了。结冰情况与淡水基本上相同,所差的是冰点比淡水低,结冰就稍难一些;而盐度大于24.7‰的海水,结冰情况与淡水不相同,因为它的最大密度值的温度在冰点以下,海水愈冷愈重,表面海水虽冷却到冰点,这时表面海水密度变大,还要下沉,所以是不能结冰的。只有上、下层海水都冷却到冰点以后,再继续冷却,海面才能结冰。

"海火"

当夜幕降临时,海面上会发出奇妙的光。有些好像不停眨眼的星星,有些好像焰火,有些好像华灯齐放,真是奇景不断,奇妙无比。这种现象被称为海发光,俗称"海火"。其实,"海火"是由大量的生物发出的,发"海火"的生物非常多,从细菌到生物都有,有些细菌会发亮光,单细胞的鞭毛虫会发光,水母和一些鱼类会发光,它们体内长有发光细胞和发光器官,内部有荧光素,在海面水搅动等外界刺激下,荧光酶和荧光素会发生氧化作用,并且发出光来。

在很多海域都有"海火"现象,但不一样的海域"海火"出现的次数不一样。如杭州湾以南海洋里发光的生物比较多,发光天数很多,每年会有200天以上,发光强度非常大。另外,"海火"有帮助航海人员在晚间识别航海标志和障碍物的功能,可以帮助渔民寻找鱼群。如果海洋环境反常时,"海火"出现次数多并特别明亮。此时,人们要警惕地震或者海啸的发生。"海火"对人类有好处,也有坏处。比如"海火"发出的光可能会刺激航海者的眼睛,削弱眼睛的敏感度。

海洋中的"沙漠地带"

提到寸草不生、荒无人烟等词汇，人们会马上想起沙漠，不过美国科学家们最近发现，在海洋中同样存在一些地方，在那里，动植物都不见踪影，可谓是海洋中的"沙漠"地带。

美国国家海洋和大气管理局的研究人员通过美国海洋科研卫星上的遥感设备拍摄图像，分析了解海洋中生物分布的密度。一般来说，图像上水的颜色越绿，说明此处光合作用越频繁，生物的数量和种类也就越多；如果颜色发蓝，则说明生物较少。但是研究人员发现，在太平洋、大西洋以及印度洋靠近赤道的一些区域里，卫星图片的颜色呈深蓝色，也就是说这里几乎没有生命的迹象。

科学家们指出，出现这种情况主要是洋流在这些区域里形成漩涡，使得营养物质无法在此停留，由此形成了海洋中的"沙漠"地带。从1997年至今，这些区域还在不断扩大，而其原因目前尚不清楚。

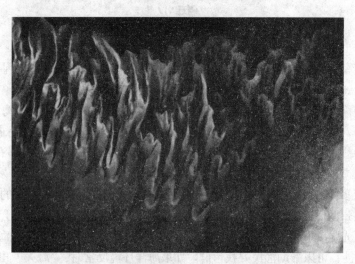

"卫星图片"巴拿马的海洋沙漠，从远处看它如一幅抽象
画，由洋流江集的沙丘砾和海藻组成。

为什么要把海平面作为零点来测量高度呢？

我们知道，比较任何事物，都必须要有一个统一的标准。如果我们在测量山高时，从陆地上任意取一点，各地都以这点为标准测量的话，仅仅是把各地测点都连起来，这项工作就不容易完成，而且由于风吹雨淋或地壳变动的变化，这个点的高度也可能变化，由此人们想到了用海平面来作为测量的起点。海平面虽然也会变化，但年平均海平面的位置通常却是大致不变的，而且全国甚至全世界的海平面高度都相差不大，所有大陆和岛屿又被海洋包围着，所以最方便的方法就是用海平面作为零点来测量山的高度。为了测量上的方便，各国都把海平面的位置固定下来称为零点。我国以青岛黄海的平均海平面作为高度的起算零点，并在岸上用记号固定下来。根据以零点为标准的测量结果，就可以相当准确地把一个国家、一个大陆和全世界的地形图绘制出来。

海 拔

先选取某海岸做常年的海平面观察，取常年平均位为基准海平面（海拔 0 米），据此埋设基准点。我国现在用的是黄海海平面，基准点在青岛附近。由此海拔标高就利用精密布置、测量、计算得出水准网，进而就可以将全国各地的海拔高度统一。为获得精确的高度，要用各级精度的水准仪或是精确修正过的 GPS 高程测量。差一些的还可以用三角测量法。无论怎么测，都要利用前面说的水准网作为参考，是一个相对的高度。例如要测珠穆朗玛峰的高度，就是先通过漫长的水准网和水准线路将标高引到喜马拉雅山下，登山队员往山顶插标志，然后用三角函数计算而得到的。

神秘的百慕大三角区

近百年来，数以百计的飞机和船只在百慕大三角区莫名其妙地坠毁或沉没，成千上万的人葬身于海底，甚至连探索这一海区奥秘的科学家也难逃厄运。为此，人们称这一海区为"神秘地带"。

科学家认为几百万年以来，沉积在百慕大三角区海底的淤泥中积累了大量的动植物，它们腐烂、变质、发酵，形成了大面积的油气田。在该地区特有的高压和极冷的条件下，海水中的水分子和天然气分子受冷结合成冰状化合物，它们存在于海水中的各个部位。若周围海水压力发生变化，这些化合物便迅速下沉，同时释放出大量天然气。下层天然气在加速上升中，随着水压的降低而急剧膨胀，海水密度迅速变小，导致轮船沉入海底。此外，大量天然气溢出海面，形成特殊气团，迫使该区大气中的氧气大量减少，若有飞机飞越该区上空，由于缺氧，发动机立即熄火，坠落大海。或者飞机尾巴排出的带有火花的废气，引燃四周天然气，熊熊烈火将飞机化为灰烬。

百慕大三角地图

石油的形成

石油又称原油，是从地下深处开采的棕黑色可黏稠液体，主要是各种烷烃、环烷烃、芳香烃的混合物。它是古代海洋或湖泊中的生物经过漫长的演化形成的混合物，与煤一样属于化石燃料。目前对石油的形成有两种说法：一种认为石油是在基性岩浆中形成的；另一种说法是由各种有机物如动物、植物、特别是低等的动植物，像藻类、细菌、蚌壳、鱼类等死后埋藏在不断下沉缺氧的海湾、泻湖、三角洲、湖泊等地，经过许多物理化学作用，最后逐渐形成为石油。

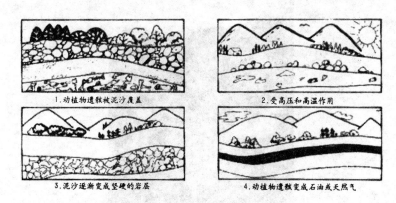

1.动植物遗骸被泥沙覆盖   2.受高压和高温作用

3.泥沙逐渐变成坚硬的岩层   4.动植物遗骸变成石油或天然气

石油形成过程示意图

煤炭的形成

　　煤是古代植物遗体堆积在湖泊、海湾、浅海等地方，经过复杂的生物化学和物理化学作用转化而成的一种具有可燃性能的沉积岩。煤的化学成分主要为碳、氢、氧、氮、硫等元素。在显微镜下可以发现煤中有植物细胞组成的孢子、花粉等，在煤层中还可以发现植物化石，所有这些都可以证明煤是由植物遗体堆积而成。

　　科学家们在地质考察研究中发现，在地球上曾经有过气候潮湿、植物茂盛的时代，如石炭纪、二叠纪（距今约 3 亿年）、侏罗纪（距今约 1.3 亿～1.8 亿年）等。当时大量繁生的植物在封闭的湖泊、沼泽或海湾等地堆积下来，并迅速被泥沙覆盖，经过亿万年以后，植物变成了煤，泥沙变成了砂岩或页岩。

烟雾弥漫的煤田

化石的形成

化石是埋藏在地层里的古代生物的遗物。最常见的化石是由牙齿和骨骼形成的。古代动物死后，尸体的内脏、肌肉等柔软的组织很快便会腐烂，牙齿和骨骼因为有机质较少，无机质较多，却能保存较长的时间。如果尸体恰好被泥沙掩埋，与空气隔绝，腐烂的过程便会放慢。泥沙空隙中有缓慢流动的地下水，水流一方面溶解岩石和泥沙内的矿物质，另一方面将水中过剩的矿物质沉淀下来成为晶体，随后水流会逐渐渗进埋在泥沙中的骨内，填补牙齿和骨骼有机质腐烂后留下的空间。如果条件合适，由外界渗进骨内的矿物质在牙齿和骨骼腐烂解体之前能有效地替代骨骼原有的有机质，牙齿和骨骼便完好地保存成为化石。由于化石中的大量矿物质是极为细致地慢慢替代其中的有机质，所以能完整地保存牙齿和骨骼原来的形态，连电子显微镜才能看清的组织形态都能原样保存。

1.它们生活在水中
2.死后沉到水底，软体部分被吃掉或者分解。
3.被泥沙覆盖、渐渐形成化石。
4.地壳变动，它们在陆地上露出来。

化石形成过程示意图

岩石的形成

　　岩石，主要是岩浆冷却后形成的。有的由岩浆喷发到地表冷却形成，有的侵入到各岩层在地表下形成，称为岩浆岩，岩浆岩经过一系列的地表化学物理作用后转变成变质岩或沉积岩，而后又因为地质作用使这些岩石转化回岩浆。如果你想知道某块石头的年龄的话最好拿到实验室去检测碳－14 的放射状况。人们对于不知道年龄的东西通常都用碳－14 的放射状况去确定的。常见的岩浆岩有花岗岩、玄武岩、流纹岩等。

岩石形成示意图

岩石形成示意图

五颜六色的宝石

宝石，一向以它的绚丽多彩和光芒四射而博得人们的喜爱。科学家们通过化学分析和光谱鉴定发现，让宝石显得五彩缤纷的原来是某些金属。由于不同的宝石中所含有的金属量有多有少，而且有的只含有一种金属元素，有的含有几种金属元素，这些藏在宝石内部的金属化合物，吸收了光线里的一部分色光，把其余的色光发射出来，使这些宝石看上去色彩斑斓。而有些宝石的颜色，跟它们的原子排列有关。青金石的蓝色，翠榴石的黄绿色，就是由它们结晶内部各个原子的分布规律决定的。还有些漂亮的宝石，其颜色是用人工染色的方法来实现的。

五颜六色的宝石

蓝宝石真是蓝色的吗?

　　蓝宝石是指除了红色系列以外的所有颜色的刚玉宝石,这其中包括了蓝、天蓝、蓝绿、绿、黄、橙、褐、灰、黑及无色等多种颜色。蓝宝石颜色多由其化学成分中所含钛、铁、钒等微量元素造成。蓝宝石通常冠以其颜色名称,如白色蓝宝石、紫罗兰色蓝宝石、黄金蓝宝石、绿色蓝宝石、黄色蓝宝石等。在各种色彩之间,以蓝色蓝宝石在世界各地较流行,而近年来彩色蓝宝石以其亮丽的身姿与高贵的品质正在引领时尚,所以使有些人误认为蓝宝石就是蓝色的宝石。

玛瑙的形成

玛瑙是隐晶质的二氧化硅（SiO_2），摩氏硬度 7 度，半透明，玻璃光泽。玛瑙是二氧化硅的胶体溶液失去水分后形成于岩石的空洞中，由于形成的过程很缓慢，所以是一层一层自外而里凝结，每一层的颜色因所含微量元素的不同而不同，所以剖开来可见各种原色的环带状条纹。

在古代，玛瑙是价值相当高的罕见之物，人们以"珍珠玛瑙"表示宝物。现在由于发现原料很多，再加上琢磨工艺水平的提高，所以玛瑙饰品很为常见，但仍属高档玉材。因为一块玛瑙的颜色很多，雕琢成俏色工艺品，其价值很高。此外，有的玛瑙中可以有肉眼可见的较大的液、气二相包裹体，称水胆玛瑙，雕琢师可将水胆布置在突出的位置做成工艺品，这是十分难得而珍贵的品种。

玛瑙石

世界上最硬的物质

世界上最硬的物质是金刚石。人们在割玻璃时，只要用一把镶有金刚石的小刀在玻璃上轻轻一划，坚硬的玻璃就会立刻"一分为二"，地质勘探用的钻探机、钻头上镶上金刚石，能大大加快向下钻进的速度。金刚石和煤、石墨一样，它的化学组成都是普普通通的碳。奇怪的是，金刚石的硬度却大大超过它的"同胞兄弟"。这是为什么呢？这是因为它们的分子结构不一样。在石墨分子中，碳原子相互的结合力很小，很容易滑动、散开，而金刚石分子中，它的碳原子是整齐地排列成立体结构，原子与原子之间牢固地联结起来，所以特别坚硬。世界上天然金刚石的产量很小，因此很珍贵。近年来，人们已用石墨制成了人造金刚石，也可与真正的金刚石媲美。

最轻的金属

锂是金属里最轻的一种。常温下，它的密度，只有每立方厘米0.534克，即使放在轻质汽油中，它也不会沉下去。锂又是一个相当活泼的金属。它具有耀眼的银白色，但是一碰到空气，马上就会和氧气发生反应，生成了氧化锂，它那美丽的表面，也就随之失去光泽。在水里，它还会与水发生反应，放出氧气，此外，它还能像火药那样燃烧爆炸。

铁矿的形成

地球上含有铁的岩石，在被风化崩解时，里面的铁也被氧化，这些氧化铁溶解或悬浮在水中，随着水的流动，逐渐沉淀堆积在水下，成为铁比较集中的矿层。铁矿层形成后，再经过多次变化，譬如地壳中的高温高压作用，有时还有含矿物质多的热液参加进来，使这些沉积而成的铁矿或含铁较多的岩石变质，造成规模很大的铁矿。这些经过变质的铁矿或含铁较多的岩石，还可以再经过风化，把铁进一步集中起来，造成含铁量很高的富铁矿。还有些铁矿是岩浆活动造成的。岩浆在地下或地面附近冷却凝结时，可以分离出铁矿物，并在一定的部位集中起来。岩浆与周围岩石接触时，也可以相互作用，形成铁矿。

铁矿石

南京为什么会有雨花石呢?

　　南京的雨花石闻名天下。它大小不一,形状不同,是著名的收藏品之一。碰到降雨,雨滴打湿了石子后更是鲜艳夺目,因此人们把它称为"雨花石"。如此漂亮美丽的雨花石究竟是从哪儿来的呢?

　　雨花石来自于长江上游。两千多万年前,长江上游的地壳曾经发生过剧烈运动,在高温、高压的作用下,岩浆和一些有机物和无机物混合在一起,形成了各种颜色的岩石。这些岩石本来是很大的,但经过了很长时间的日晒雨淋,风化成了小石块。它们被流水带入到长江上游水中,长江水把这些岩石从上游冲到南京。由于南京地势平坦,长江水流到这里,小石子沉积在这段河床底部。小石子从上游山区流经到南京,在河水的冲洗和石子之间的互相碰撞和摩擦下,逐渐变小,棱角也被摩擦去,便形成了今天的卵形的雨花石。日久天长,石子在河床中越积越多,河道填塞,因此,河水只好另找出路,从其他的途径流入大海。因此,雨花石不仅雨花台有,在长江古道附近地方也出现过,只是它们还安静地在地下熟睡呢!

南京雨花石

琥珀的产生

琥珀是中生代白垩纪至新生代第三纪松柏科植物的树脂，经过地质作用后而形成的一种有机化合物的混合物。通俗点说，它的祖先是松树。

琥珀的形成一般有三个阶段：第一阶段树脂从柏松树上分泌出来；第二阶段树脂脱落被埋在森林土壤当中，在此阶段内发生了石化作用，在这一作用下石化树脂的成分、结构和特征都发生了强烈的变化；第三阶段是石化树脂被冲刷、搬运和沉淀，形成了琥珀。

琥珀因密度低，重量很轻，加上颜色均匀，晶莹剔透，其饰物为西方和阿拉伯人所喜爱。如果其内部有完整的动物包体，还有挣扎的迹象，栩栩如生，更是被作为珍品备受青睐。

琥珀

"有毒气的石头"

地质学家在研究石头时，有时候会遇到里面含有毒气的石头。这是怎么回事呢？石头里为什么会有毒气呢？

原来在火山喷发时，岩浆从地下上升的过程中，伴随有大量气体，这些气体中有些是毒气。岩浆上升到地壳上部或流出地表后，遇冷便会凝结。而在岩浆受冷凝结形成岩石过程中，由于受到外部条件的影响，其中的气体不易挥发出来，滞留在石头中，从而形成了"有毒气的石头"。

"跳石"

科学家们从深海底采集到许多石块放在船的甲板上的时候，这些石块有时候会突然如青蛙一样蹦跳起来，并且还发出"叽叽哇哇"的声音。这是为什么呢？

经过科学家们研究发现，这些会跳动的石块，其实都是来自那些死火山或者环火山构成的海底山中。火山中的二氧化碳气体在石块里占总体积的18%。当这些石块在深海底时，因为那里的压力大，便会呈现相当稳定状态。而当它们升到水面时，因为压力减小，石块里的气体就可以让石块向上浮起，从而产生了"蹦蹦跳跳"的情景。因为这种石块可以自己跳动，于是人们便形象地称之为"跳石"。

土壤为什么会有各种颜色呢?

土壤有多种颜色,是因为土壤里含有多种矿物质的缘故。棕壤和红壤里含有丰富的铁质;其颜色是当铁质发生高度氧化后形成;黄壤是由于其土壤内所含的铁质尚未能高度氧化,所以呈现黄色;含有石英、正长石、高岭土较多的土壤,大多是淡色的,一般接近于灰白色;黑壤"染料"的主角则是深色的腐殖质。

黑土的形成

我国东北地区黑土地的形成,是地表植被经过长期腐蚀形成腐殖质后演化后的结果。在寒冷的气候下所形成的黑土,有机质含量高,土壤肥沃,土质疏松,最适宜农业耕种。目前在世界上只有美国密西西比河流域、乌克兰大平原和中国东北具有寒地黑土。

东北平原

地下水为什么需要保护呢?

　　地下水不同于地表水，表现在以下两个方面：一是地下水在地下不声不响地流动，不直接受大气降水的影响。由于受地下周围环境的限制，它流量较小，流速较慢，水温较低。俗话说"流水不腐"，地下水的这个特点使它不利于污染物质的扩散和稀释，也不利于污染物质的分解和转化。因此，地下水的自净能力差，不像地表水那样可以向周围环境迅速扩散。二是地下水潜藏在地下，不接触外界环境，不接触阳光，曝气净化和生物净化的过程难以进行。因此，地下水一旦受到污染，要经过相当长的时间，才能恢复到原来的清洁状态。所以，地下水需要好好保护。

地表水从哪来

　　有一种关于地表水来源的假说认为，地球表面本来没有水，地表最初的水，大部分以岩石结晶水的形式存在于地球内部，或者溶解在岩浆中。现在地球表面的水仅仅占地球总水量中的13%，还剩87%的水量保存在地幔里，成为不断补充地表水分的后备来源。随着地球的演化，这些地球内部的水通过火山喷发，也可能通过岩浆侵入等方式跑出来，蒸发到大气中，再降落下来形成了地球上最初的地表水。甚至还有人估计，目前全世界每年仅因为火山爆发，就能带到大气中4000万~5000万吨的水。但这些目前还只是一种科学假说，需要科学家进一步进行研究证实。

三、气象万千

地球为什么会有大气层环绕?

人们通常认为:地球大气的演化大致经历了原始大气、次生大气和现在大气三个过程。

最初,在地球形成的过程中,一边是绕着太阳运动,一边是吸附着轨道上的微尘和气体。当地球表面逐渐冷凝为固态时,周围就包围着一层大气,这就是原始大气,其主要成分是氢和氦。

由于地壳尚不稳定,火山活动频繁,火山排出的气体就形成了地球的次生大气圈。它的成分以甲烷和氢为主,还有一些氨和水汽,但仍没有氧气。

氧的形成是现代大气形成的主要标志,它的形成过程与地球上生物的出现和发展密切相关。最初的生命出现于太阳紫外线辐射到达不了的深水中,以后逐渐移向浅水,进而发展成有叶绿体的植物,绿色植物的光合作用成为大气中氧形成的最重要的原因。氧的增加使得高空形成臭氧层,它吸收紫外线,有利于地球上的植物迅速繁殖和发展,这使地球上大气中的氧和二氧化碳的含量大大增多,经过几十亿年的过程就形成了现在的大气层。

天空为什么有时发蓝有时发白?

在无云的晴天，天空多是蔚蓝色的。可是仔细观察一下，这种颜色也是随时在变化的，有时深一些，有时发白。在空气里飘浮着很多细小的微尘和水滴，它们都能对太阳的混合光起分散的作用，在光学中叫做"散射"。

空气中微尘和水滴的散射能力和光波的长短有关，光的波长越短，散射能力越大。在太阳的混合光中，紫光的波长最短，散射能力最大。太阳光线射入大气时，最初散射最强的是紫光。但是，紫光在没有到达地面之前就已经散射掉了，接近地面的紫光很少，而蓝光最多，所以我们在地面看天空是蓝色，而在高空则逐渐变成紫色。如果空气中含有很多较大的水滴和微尘时，也可以散射波长较长的黄，红、绿等色的光，所以有时天空颜色发白。如果是在傍晚或早晨，由于太阳斜射地面，通过较厚的空气层，蓝光在没有到达地面前就被散射掉了，而红色和橙色的光却被散射到地面上来，所以天空就会发白，有时还会出现彩霞。

"蓝天"到底有多高?

人们已知宇宙是一个无限的空间,从地球表面往上看,天空是无边无际的,但我们头顶的"蓝天"是有一定高度的。苏联曾有3位科学家坐气球作了一次详细的观测。当他们从地面升到8.6千米高空时,天空一直是蓝色的;当升到10.8千米的高空时,天空呈暗蓝色;再升到13千米高空时,天空就变成暗紫色了;超过18千米高空时,由于空气稀薄,光不发生散射,天空已是一片黑暗。所以,名副其实的蓝天只有10千米高。

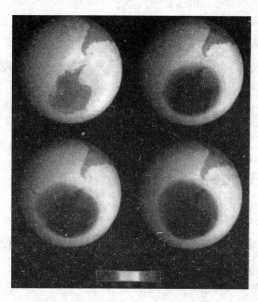

1981,1987,1993,1999年南极臭氧层图谱

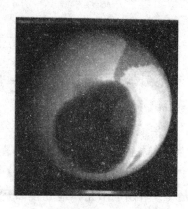

2000年南极臭氧层图谱

谁破坏了地球上的"保护伞"？

在离地球表面 10 千米 ~ 15 千米的上空，有一层气体，这就是臭氧层。臭氧层能吸收 99% 以上的太阳紫外线，是人类和其他生物的"保护伞"。但是，近年来，参加南极考察的科学家们发现，在南极上空的臭氧层中出现了一个"大洞"。据我国的"风云 - 7 号"极地气象卫星探测，这个大洞位于南极点附近，呈椭圆形，它的面积相当于美国的总面积，深度超过了珠穆朗玛峰的高度。无独有偶，最近科学家们又在北极上空发现了一个 19 千米 ~ 24 千米深的小"臭氧洞"，并且全球的臭氧层都有变薄的趋势。

是谁破坏了地球的"保护伞"？多数科学家认为，"臭氧洞"是由于现代工业的发展，特别是冷冻厂家和家用电冰箱的不断增多，人们使用了大量的氟利昂冷冻剂，向大气中排放了大量的化学物质氯氟烃，而氯氟烃在人类的"保护伞"上打了一个洞，可以说，是人类自己亲手毁了自己的"保护伞"。同时，由于臭氧层受到破坏，到达地面的紫外线增多，严重危及地球上的人类和生物。

地球上为什么会有冰期？

地球上之所以会出现冰期，有很多的原因：比如地轴位置的变化，使地球接受太阳辐射来的热量减少；火山活动规模的扩大，喷出的火山灰尘进入大气，阻挡了阳光；地壳强烈运动，造成众多很高的山等等。此外，还有人推想，是由于太阳系运动使地球进入到存在较多宇宙尘埃的空间中，这些尘埃减少了太阳辐射来的热量造成的。但到目前还没有确定的解释，这是一个正在探索的问题。

"厄尔尼诺现象"

　　"厄尔尼诺"一词来源于西班牙语，原意为"圣婴"。19世纪初，在南美洲的厄瓜多尔、秘鲁等西班牙语系的国家，渔民们发现，每隔几年，从10月至第2年的3月便会出现一股沿海岸南移的暖流，使表层海水温度明显升高。南美洲的太平洋东岸本来盛行的是秘鲁寒流，随着寒流移动的鱼群使秘鲁渔场成为世界三大渔场之一，但这股暖流的出现，使性喜冷水的鱼类大量死亡，使渔民们遭受灭顶之灾。由于这种现象最严重时往往在圣诞节前后，于是遭受天灾而又无可奈何的渔民将其称为上帝之子——圣婴。

　　后来，在科学上此词语用于表示在秘鲁和厄瓜多尔附近几千千米的东太平洋海面温度的异常增暖现象。当这种现象发生时，太平洋沿岸的海面水温异常升高，海水水位上涨，并形成一股暖流向南流动。它使原属冷水域的太平洋东部水域变成暖水域，结果引起海啸和暴风骤雨，造成一些地区干旱，另一些地区又降雨过多的异常气候现象。

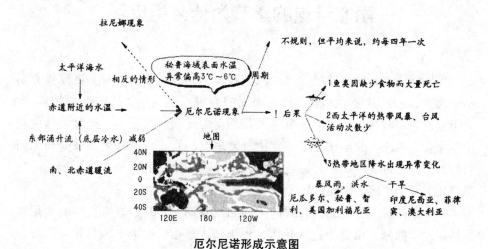

厄尔尼诺形成示意图

地球变暖之谜

科学家研究发现，全世界每年要向天空排放 120 亿吨之多的二氧化碳。而二氧化碳有一种奇特的功效，就是能大量地吸收大气层表层和下层的热量，并阻止它们散失到空中去，就像温室的玻璃一样，所以科学家用"温室效应"这个词说明二氧化碳的作用。大气中二氧化碳含量越高，气候变暖的趋势就会越明显。更为严重的是，大气中某些微量气体产生的"温室效应"远比二氧化碳厉害。这些微量气体包括：有机物腐烂产生的甲烷、汽车排放的废气和土壤中氮肥释放的一氧化二氮等等。这些气体目前含量虽然还不多，但它吸收热量的能力却很强，能将二氧化碳的温室效应作用放大。除此之外，还有城市越来越多的人工热的影响。正是在这些因素的共同作用下，我们的地球才一天比一天"暖和"。

南北半球的季节为什么相反？

当地球绕着太阳公转时，地轴总是倾斜的，角度为 $60°34'$，且倾斜方向不会改变，这就引起了太阳在地球表面的直射点在南、北回归线之间移动。太阳直射北回归线时，北半球单位面积获得的太阳光热量多，且北半球白昼比黑夜长，因此，北半球处于一年中气温最高的夏季；这时南半球受到太阳斜射，光线透过大气层的路程比较远，单位面积得到的太阳光热量少，况且黑夜比白昼长很多，因此，处于一年中最冷的冬季。

当太阳的直射点由北回归线向南回归线移动时，北半球所获得的太阳辐射热量逐渐削减，由夏季进入秋季，慢慢转入冬季；而南半球却相反，获得的太阳辐射量由少逐渐增多，由冬季进入春季，从而过渡到夏季。这就是南北半球季节相反的原因之所在。

"城市气候"的形成

由于城市中众多建筑物构成了特殊的"地面",人口又高度密集,高强度的经济活动会消耗大量的燃料,释放出无数的有害气体和粉尘。这些连同其他的人类生产和生活,会改变该地区原有的区域气候状况,形成一种与城市周围不同的局地气候,被称为"城市气候"。

城市气候既有所属区域大气候背景的影响,又反映了城市化后人类活动所产生的作用,因此,不同大气候区的城市气候之间既有个体的差别,也存在统一的特征。城市气候的共同特征之一是城市气温明显高于郊区,这种情况称为城市"热岛效应"。城市热岛强度夜间大于白天。其次是城区白天绝对湿度比郊区低,形成"干岛",而夜间绝对湿度比郊区大,形成"湿岛"。另外城市中云雾较多,还会出现对人体有害"光化学烟雾"。

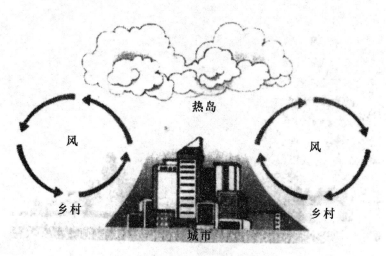

"热岛效应"示意图

城市"热岛效应"

　　城市热岛效应是城市气候中典型的特征之一。它是城市气温比郊区气温高的现象。城市热岛的形成一方面是在现代化大城市中，人们的日常生活所发出的热量；另一方面，城市中建筑群密集，沥青和水泥路面比郊区的土壤、植被具有更大的热容量（可吸收更多的热量），而反射率小，使得城市白天吸收储存太阳能比郊区多，夜晚城市降温缓慢仍比郊区气温高。

　　城市热岛是以城市中心为热岛中心，有一股较强的暖气流在此上升，而郊外上空为相对冷的空气下沉，这样便形成了城郊环流，空气中的各种污染物在这种局地环流的作用下，聚集在城市上空。如果没有很强的冷空气，城市空气污染将加重，人类生存的环境被破坏，导致人类发生各种疾病，甚至造成死亡。

"雨岛效应"

"雨岛效应"，简单地说就是城市上空有较多灰尘，凝结核较多，易形成雨滴。由于大城市高楼林立，空气循环不畅，加之盛夏时节，建筑物空调、汽车尾气更加重了热量的超常排放，使城市上空形成热气流，并且热气流越积越厚。同时，大城市大气环流较弱，由于城市热岛所产生的局部地区的气流上升有利于对流性降水的发生。另外，城市地区空气中的灰尘等凝结核多，有些较大的凝结核（如硝酸盐）存在时，有促进暖云降水的作用。正是这些因素的共同作用，最终形成了"雨岛效应"。由于"雨岛效应"集中出现在汛期和暴雨之时，这样容易形成大面积积水，甚至形成城市区域性内涝。

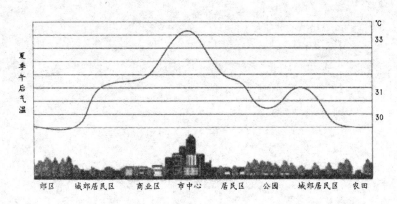

"雨岛效应"示意图

"阳伞效应"

"阳伞效应"指由大气污染物对太阳辐射的削弱作用而引起的地面冷却效应。

造成"阳伞效应"的原因既有自然原因，又有人为原因。自然原因如火山喷出大量尘埃和海水浪花飞溅将各种盐分带入大气中；人为原因如工业、交通运输和生活中燃烧化石燃料排放的烟尘。此外，农业生产和植被破坏等，产生许多灰尘由地面进入大气环境，使悬浮在大气中的颗粒物大大增加。这些气溶胶粒子会吸收和反射太阳辐射，减少紫外线通过，使到达地面的太阳辐射大大减弱，导致地面温度降低。大气中气溶胶粒子增加，增多了凝结核，使云量、降水量、雾的频率增多，对地表亦起冷却作用。由于这种作用宛如阳伞遮挡太阳辐射而使地面温度降低，故取此名。

冰雹为什么出现在暖季而不是冬季?

冰雹主要发生在夏秋季节,尤以春夏之交为多,一次降雹的时间都不长,多数为几分钟到十几分钟。

冰雹一般在发展相当强烈的积雨云中形成,产生冰雹的积雨云升降气流特别强烈,这种积雨云也称为冰雹云,它们一般多出现在暖季,尤其是在阳光强烈的暖湿季节最容易发生。那时空气中含的水汽很多,而且低层大气又易被太阳晒热的地面所烤热,形成下热上冷的很不稳定的空气柱,从而发生强烈对流,并发展成为产生冰雹的积雨云。这种云中的上升气流很强,足以支持云中增大的冰雹块,所以能使云中的冰雹随气流升降,不断与沿途的雪花、小水滴等合并,形成一层层透明与不透明交替层次的冰块,当它增大到一定程度,上升的气流无法支撑时,就降落到地面上来。而冬季地面接收太阳的热量少,引不起强烈的对流,而且空气干燥,即使发生对流,也不易形成积雨云。这就是冰雹为什么出现在暖季而不是冬季的原因。

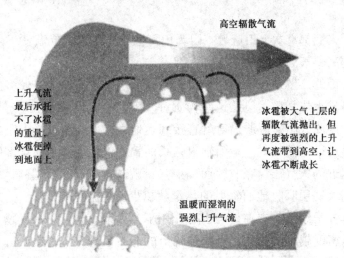

高空辐散气流

上升气流最后承托不了冰雹的重量,冰雹便掉到地面上

冰雹被大气上层的辐散气流抛出,但再度被强烈的上升气流带到高空,让冰雹不断成长

温暖而湿润的强烈上升气流

冰雹形成示意图

冰雹总比雨滴大

冰雹是在云中低温区形成的，比重仅有雨滴比重的80%，对于质量相同的冰雹和雨滴，前者的体积要比后者大些，冰雹所受的浮力也要大些。其次是固态降水粒子，其内部是冰晶结构，而雨滴是水分子构成的。

云中的大雨滴在降落过程中，因球形的部位受力不均匀，引起变化。可冰雹就不同了，由于是固体形体，空气的阻力不能改变它的形状，更不能使它粉身碎骨，所以落到地面的冰雹一般总是云中气流托不住时而降落的。所以我们见到的冰雹总是比雨滴的个儿大得多。

山上为什么往往比山下气温低？

夏天，人们都喜欢上山避暑。因为山每高出1千米，气温就下降6.5℃。为什么山越高，气温会越低呢？

地球表面的热量来自太阳的辐射。地球低层大气中，含有较多的二氧化碳、水分等易吸热物质。但是这些物质对太阳的短波辐射几乎是透明的，无吸收能力，因此太阳的短波辐射就直接到达地面。地面在接受太阳辐射的同时，又向外进行地面辐射。地面辐射是长波辐射，低层几乎能全部吸收，因此离地面越近的大气层，吸收地面辐射热量就越多，气温就越高；相反，离地面越高的大气层吸收地面辐射的热量就越少，气温也就越低。另外，大气由多种气体分子组成，它在地心引力作用下，离地面越近，密度越大；反之密度越小。密度越小的物质，吸收热辐射的能力也越小。因此，山上往往会比山下的气温低。

南极冷还是北极冷？

南极的气温要比北极更冷一些。这是因为南极地区是一块大陆，储藏热量的能力较弱，巨厚的冰层使南极洲的平均海拔高度达到 2350 米，比地球上其他六大洲的平均高度要高出 1000 多米。南极夏季获得的热量很快就辐射掉了，结果造成南极的年平均气温为 – 58.4℃。相比之下，北极地区陆地面积小，大部分为北冰洋，其冰层的厚度仅仅只有 1 英尺左右。由于海水的热容量大，能吸收较多的热量，所以北冰洋还有一个的蓄热池作用，它能够在冬天的时候利用夏天储存的热能为北极加热，而且热量散发比较慢，所以那里的年平均气温比南极要高，在 8℃ 左右。

云霞的形成

海洋、湖面、植物表面、土壤里的水分，每时每刻都在蒸发，变成水汽，进入大气层。含有水汽的湿空气，在上升过程中，由于周围空气越来越稀薄，气压越来越低，上升空气体积就要膨胀。膨胀的时候要耗去自身的热量，因此，上升空气的温度要降低。温度降低了，容纳水汽的本领越来越小，饱和水气压减小，上升空气里的水汽很快达到饱和状态。温度再降低，多余的水汽就附在空气里悬浮的凝结核上，成为小水滴。如果温度比 0℃ 低，多余的水汽就凝成为冰晶或冷却成水滴。它们集中在一起，受上升气流的支托，飘浮在空中，成为我们能见到的云。当太阳光照射云层时，就会形成了美丽迷人的云霞。

云为什么没被地球的吸引力"吸"下来？

从我们的肉眼来看，云一直是飘浮在空中的，地球的吸引力也不能把它吸下来。其实云也是被"吸"住的。因为如果没有地球引力，就难以形成大气层，云也不会静止在天上，而是散到宇宙中去了。只不过物体的下降是重力的作用，当浮力等于重力时，物体就会保持平衡状态，云因为有浮力，因此不会被吸下来。当云里的小液滴饱和的时候，大气就难以托住它们，它们也就受重力掉落下来，形成降水。从某种意义上说，这也是一种被"吸"下来的现象。

天空中的云朵为什么颜色会不一样？

天空中的云，多数都是白里带灰的颜色，但是，有时也会有乌黑、红、紫等彩色的云。云的各种颜色是云反射阳光造成的，同时，也同云的大小、厚薄、范围以及形成的时间有密切的关系。阴天的时候，云的范围很大，几乎或全部遮住了天空，阳光就很难透过，于是，云是灰暗色的。多云天气或者晴天的时候，天上有少量的云，阳光照亮了它们，云往往接近于白色。夏天，在下雷雨前，大范围的雷雨云形成了，这种云往往是乌黑的，因为它很厚，阳光几乎透不过。而早霞和晚霞，它的颜色常常是红色的，这是因为日出和日落时，太阳光是斜射过来的，要穿过很厚的大气层，比较强的红、橙光就照在云朵上，使它变成了红、橙色。

地震云

"云海"

云海，是指在一定的天气条件下形成的云层，并且云顶的高度低于山顶的高度。当人们在高山之巅俯首云层时，看到的是漫无边际的云，就如同是站在大海的边上，给人一种好像是大海波起峰拥、浪花飞溅、惊涛拍岸的感觉，所以人们就把这一现象为"云海"。在一天之中，尤以日出和日落时所形成的五彩斑斓的云海最为壮观。一般在比较的高的山上都可以看到这种奇观。

黄山云海

龙 卷 风

　　龙卷风是一种气旋，它是大气中最强烈的一种涡旋现象。龙卷风出现的时间和大气中对流旺盛的时间相一致，主要出现在夏季 6 ~ 9 月，春末夏初也偶发生，尤以下午至傍晚最为多见。影响地面范围从数米到几十上百千米，龙卷风的直径一般在十几米到数百米之间。龙卷风的生存时间一般只有几分钟，最长也不超过数小时。它的风力特别大，在中心附近的风速可达 100 ~ 200 米/秒。龙卷风出现时，往往有一个或数个漏斗状云柱从云底向下伸展，同时伴随狂风暴雨、雷电或冰雹。龙卷风漏斗状中心由吸起的尘土和凝聚的水汽组成可见的"龙嘴"。龙卷风经过水面，能吸水上升，形成水柱，同云相接，俗称"龙取水"。经过陆地，常会卷倒房屋，吹折电杆，甚至把人、畜和杂物吸卷到空中，带往他处。

超强龙卷风

风的形成

在地球上，有的地方受太阳照射的比较多，地面上的空气就变热，膨胀变轻，开始上升。空气上升以后，空下来的地方就被别处的冷空气补充了进来。补充进来的空气又被太阳光晒热、膨胀、上升，冷空气又补充进来……空气总是这样流动，就形成了风。空气流动越快，风就越大。由于地球同时不断地围绕着太阳公转和自转，使得地球上的各个地方接受太阳辐射的热有多有少，在大气层形成气压带，各个气压带的气压相差很大，使得空气对流，就形成了大规模的风。

风的等级

风的等级是 1940 年由美国的气象机构确定的。美国气象机构制定了一套分级法，把风力分为 17 级。现在大多数国家采用的都是这种分级法。

0 级风，烟囱的烟直接升上天；1 级风，烟囱的烟稍微飘动；2 级风，风标会转动，风拂面，树叶有声音；3 级风，热气球上升，树叶摇动；4 级风，落叶飞舞；5 级风，小树摇动，水面有波纹；6 级风，海上有浪；7 级风，大树摇动；8 级风，小树枝被吹折；9 级风，烟囱被吹倒；10 级风，树被连根拔起；11 级风，灾情惨重；12～17 级风，十分少见，将是一场灾难。

白天的风为什么比晚上的大?

很多时候，白天很大的风一到了晚上就变得小了很多，这是为什么呢?

在白天，阳光照射着大地，各地方受热不均匀，一些地方如裸地、沙滩等，接受阳光较多，而另一些地方如草地、河湖等，接受阳光比较少，这就产生了空气对流，因此形成了风。这时，高空的风比较大，下降的气流把高空大气的动量带了下来，使得地面的风速加强了。而到了晚上，地面的温度开始下降，空气上下的对流减弱，高空大风的动量不能传下来到达地面，所以风速也就减小了。

高处的风为什么比低处的要大?

空气运动要受到摩擦力的影响，在地面上的空气所受的摩擦作用最大，尤其是在起伏不平的山地，空气最容易形成涡漩运动。随着高度增加，摩擦作用减少，风速也就大增了。就是同一地区，近地面的空气温度也不一样，有的高些，有的低些。这样，在同一高度的水平面上，温度就不均匀，引起气压的不均匀（称气压梯度），可使风速增大。

风吹过来为什么是一阵大一阵小?

空气的流动并不按照直线方向,而是带有大大小小涡旋的不规则运动。这种不规则运动就是空气的"乱流运动"。由于地表粗糙不平,接触地表的小团空气不但因地表摩擦作用而减速,而且流速还会发生差异而产生大大小小的空气涡旋。空气在流动中遇到高楼、山丘等障碍物时,会形成空气涡旋。空气涡旋还常常形成于地面受热不均、产生局部对流的地方,或者是两股流速不同或方向相反的气流之间。

不管哪种原因产生的涡旋,它们都随着气流总的方向一边旋转一边前进。前进中又相互干扰、变形、合并或扩散。就空气整体来说,虽然仍向同一个方向流动,但对每一小团空气来说,则是有快有慢不规则的曲线运动。对固定地点来说,随着许多大小不一、形状各异的涡旋过往,涡旋位置的不断变换,风便会一会儿大一会儿小,显示出它的阵性特点。

台风的形成

热带海洋是台风的"老家",台风形成的条件主要有两个:一是比较高的海洋温度;二是充沛的水汽。在温度高的海域内,如果正好碰上了大气里发生一些扰动,大量空气便开始往上升,使海面气压降低,这时海域外围的空气就源源不绝地流入上升区,又因地球自转的关系,使流入的空气像车轮那样旋转起来。当上升空气膨胀变冷,其中的水汽冷却凝成水滴时,要放出热量,这又助长了低层空气不断上升,使地面气压下降得更低,空气旋转得更加猛烈,这就形成了台风。

台风的命名

每年台风季节来临的时候，我们经常会从天气预报中听到各种各样的台风名字，如杜鹃、圣帕等等。那么台风的名字是怎么来的呢？

台风的名字来源于第31届台风委员会通过的西北太平洋和南海热带气旋（即台风）命名表，该命名表共有140个名字，分别由亚太地区的柬埔寨、中国、朝鲜、中国香港、中国澳门、日本、老挝、马来西亚、密克罗尼西亚联邦、菲律宾、韩国、泰国、美国和越南等14个成员提供（每个成员提供10个名字）。这140个名字分成10组；每组里的14个名字（每个成员提供1个名字），按每个成员的字母顺序依次排列。命名表按顺序、循环使用。根据规定，一个热带气旋在其整个生命过程中无论加强或减弱，始终保持名字不变。这些名字大都出自提供国或地区家喻户晓的传奇故事等。中国提供的名字是："龙王"、"玉兔"、"风神"、"杜鹃"、"海马"、"悟空"、"海燕"、"海神"、"电母"和"海棠"。

台风为什么多在夏天出现？

台风产生的地区通常在北纬5~20度的热带海洋上，诸如菲律宾以东的海洋以及南海、西印度群岛、澳大利亚东海岸等区域。夏季这里的气候又热又潮湿，热空气不停地向高空流动，使得海面形成低气压区，高气压海面的冷空气会不断地补充过来。受热以后上升的热空气，在高空遇到冷空气，凝成水珠放出热量，使海面空气加速上升，其他地区的冷空气也加速补充过来。由于地球自转作用，流动的气流出现旋转，形成气旋，这就是台风了。

台风眼里为什么没有风?

台风是热带海洋上的大风暴，它实际上是范围很大的一团旋转的空气，边转边走，四周围的空气绕着它的中心旋转得很急。空气旋转得越急，流动速度越快，风速也越大。但是在台风中心大约直径为 10 千米的圆面积内（称为台风眼），因为外围的空气旋转得太厉害，外面的空气不易进到里面去，那里好像一根孤立的大管子一样。所以台风眼区的空气，几乎是不旋转的，因而也就没有风。

不但如此，由于台风中心外围的空气，一方面环绕中心以反时针方向旋转，另一方面还挟带着大量的水蒸气上升，形成大片灰黑色密布的云层，下着倾盆般的暴雨。而在台风眼区，空气是向下沉的，因而云消雨散，会出现暂时的晴天，夜间还能看到一颗颗闪烁的星星。一般只有 6 小时，台风眼就过去了，接着天气又重新变得很恶劣，仍然是狂风暴雨。

巨大的风眼

怎样判断台风已经远离了?

台风侵袭期间,往往是风狂雨骤。如果突然风歇雨止,这并不表示台风已经远离。这应该是台风眼经过的时候,一般而言,二三十分钟之后,狂风暴雨会再度来临。所以,这个时候千万不可以认为台风已经远离。

此后,如果风雨渐次减小,并变成间歇性降雨,慢慢地风变小,云升高,雨渐停,这才是台风离开了。如果台风眼并未经过当地,但风向逐渐从偏北风变成偏南风,且风雨渐小,气压逐渐上升,云也逐渐消散,天气转好,这也表示台风正远离中。

台风与飓风的不同

台风与飓风都属强度最强一级的热带气旋,只是称呼不同。西北太平洋和南海海域出现的中心最大风速超过 33 米/秒的热带气旋称之为台风(typhoon),北大西洋、加勒比海、东北太平洋等海域的称之为飓风(hurricane),北印度洋、孟加拉湾、阿拉伯海等海域的称之为强气旋性风暴(severe cyclonic storm)。

自然景观的"雕塑者"

空气的水平运动形成了风,全世界每一个角落都有风的足迹。我国西北沙漠中被沙漠掩埋的楼兰古城和一些被风吹蚀而形成的古城堡,都是风作用的结果。当风携带着沙粒疾驶而过时,一块块孤立的岩石,下部被带有大量沙粒的粗糙"风手掌"不断磨蚀,破坏得比较快。岩石上部,由于风携带的沙粒少,磨蚀得比较慢。日久天长,就形成了上部粗大,下部细小的"石蘑菇"了。再如,风携带着沙粒对岩石长期磨蚀时,松软的岩石被磨蚀成凹槽状,坚硬的岩石相对凸起,形成一道道线条,岩石表面的一些裂隙经过风的磨蚀,形成好似城堡的景观,称之为"风蚀城堡"。风吹走了地面的泥沙,使大地裸露出岩石的外壳,或仅有砾石剩下,形成荒凉的戈壁。被风吹走的泥沙,当风力减弱或一遇障碍时就会将沙粒堆成沙丘,掩盖地表。正是由于风的这些作用,所以它才被称为自然景观的"雕塑者"。

准噶尔盆地的"风蚀蘑菇"

为什么水面上的风要比陆地大?

我们乘船在河中、湖中或是大海里时,感觉刮过来的风要比我们在陆地上的要大。这是什么原因呢?

这主要是因为陆地上由于地面粗糙,地形起伏不平,有树木及建筑物的阻碍,对空气流动的摩擦力大,使空气流动受阻,因而风速就要小一些。而河面、湖面或者是海面,相比较陆地而言,障碍比较少,空气在流动的过程中所受的阻力小,因而,风就要大一些。此外,有的河谷地带正对着风口,空气一流入河谷,受到约束,流动也会变快。

降水强度的区分

降水量就是指从天空降落到地面上的液态和固态降水,没有经过蒸发、渗透和流失而在水平面上积聚的深度,单位是毫米(mm)。

在气象学上用降水量来区分降水的强度:

小雨:雨点清晰可见,没漂浮现象,12 小时内降水量小于 5mm 或 24 小时内降水量小于 10mm 的降雨过程。

中雨:雨落如线,雨滴不易分辨,落硬地四溅,洼地积水较快,屋顶有沙沙雨声,12 小时内降水量 5~15mm 或 24 小时内降水量 10~25mm 的降雨过程。

大雨:雨降如倾盆,模糊成片,洼地积水极快,屋顶有哗哗雨声,12 小时内降水量 15~30mm 或 24 小时内降水量 25~50mm 的降雨过程。

暴雨:凡 24 小时内降水量超过 50mm 的降雨过程统称为暴雨。

根据暴雨的强度可分为:暴雨、大暴雨、特大暴雨三种。暴雨:12 小时内降水量 30~70mm 或 24 小时内降水量 50~100mm 的降雨过程;大暴雨:12 小时内降水量 70~140mm 或 24 小时内降水量 100~250mm 的降雨过程;特大暴雨:12 小时内降水量大于 140mm 或 24 小时内降水量大于 250mm 的降雨过程。

"梅雨"的形成

梅雨是我国江南地区所特有的气候现象。每年，晴雨多变的春天刚过，天空又会云层密布，降水频繁，阴雨连绵，多日不停。由于此时正值梅子成熟，所以称为"梅雨"。梅雨天气虽然是长江中下游地区所特有的，但它的出现却不是一科孤立现象，是和大范围的雨带南北位移息息相关的，梅雨天气就是因为雨带停滞在这一地段所致。那么这条雨带又是怎样产生的呢？

每年从春季开始，暖湿空气势力逐渐加强，从海上进入大陆以后，就与从北方南下的冷空气相遇，由于从海洋上源源而来的暖湿空气含有大量水汽，形成了一条长条形的雨带。如果冷空气势力比较强，雨带则向南移动；如果暖空气比较强，雨带则向北移动。但初夏时期在长江中下游地区，冷暖空气旗鼓相当，这两股不同的势力就在这个地区对峙，互相争雄，展开一场较为持久的"拉锯战"，因而就形成了一条稳定的降雨带，造成了这种绵绵的阴雨天气，横贯在长江中下游地区。

"蛙雨"

1960年3月，在法国南部土伦市下了一场"蛙雨"，天上落下许多青蛙。这是怎么回事呢？原来，在地中海沿岸发生了一场龙卷风，龙卷风就像一个巨大的漏斗伸向地面，把成千上万只青蛙带到空中。这些青蛙随着龙卷风一起移动，当风力减小时，纷纷落下，形成了奇怪的"蛙雨"。

雨水不能喝

这是因为雨水中存在着很多的有害物质。空气中的水汽遇冷后凝结成水滴，渐渐发展成厚厚的云层，当不断上升的空气托不住云层时，水滴就会降落到地面上，这就是雨水。水滴在降落时经过大气层，会携带很多有害气体和粉尘，这是因为工厂大烟囱和汽车尾气等每天都向大气层中排放很多有害的气体，比如二氧化硫、氮氧化物、碳化合物等有害的气体就混合在大气中。还有，刮大风时，地面上许多的浮土被大风带进大气中，也使大气被严重的污染了。雨水就像个清洁工，每下一场雨，就把大气层中许多有害的脏东西清除掉，所以雨后的空气非常新鲜，天空特别蓝。但是这些雨水也因混合了许多有害气体和粉尘，所以不能喝。

人工降雨对人体有害吗？

人工降雨的原理是让积雨云中的水滴体积变大掉落下来，高炮人工降雨就是将含有碘化银的炮弹打入有大量积雨云的4000～5000米高空，碘化银在高空扩散，成为云中水滴的凝聚核，水滴在其周围迅速凝聚达到一定体积后降落。碘化银由炮弹输送到高空，就会扩散为肉眼都难以分辨的小颗粒。和巨量的水滴相比，升上高空的碘化银只是沧海一粟，太多了不仅不会增雨反而会把积雨云"吓跑"，所以，在如此悬殊的情况下，人们绝不会感觉到碘化银的存在。

此外，炮弹弹片在高空爆炸后会化成不足30克，甚至只有两三克的碎屑降落地面，其所落区域都是在此之前实验和测算好了的无人区，不会对人体造成伤害，同时，人工降雨已有一段历史，技术较为成熟，所以人们对人工降雨不必心存疑虑。

为什么雨后的夜空能看到更多的星星?

我们常常发现，雨后的夜空能看到更多的星星，这是为什么呢？空气中的尘埃是雨滴的凝结核，尘埃越多，天空的能见度就越低。下雨时，在雨滴落的过程中，也会将空气中的尘埃带下。所以，一场雨后，空气中的尘埃物就会大为减少，这时空气的透明度就会大大增强，于是我们看星星的时候会觉得更清楚，数目也就更多。但此时空气并没有变稀薄，而只是空气中的尘埃物减少了。

"春雨贵如油"

在我国华北地区，春旱较为严重，春雨只占全年降水量的 10~15%，有的地方甚至少于 10%。由于春季位于秋、冬两个少雨季节之后，再加上春季气温回升快、风天多、蒸发强烈，所以往往易形成连续干旱。同时，这时正是越冬作物返青至乳熟期，需要较多的水分，玉米、棉花等播种成苗，也要求充足的水分，因而春旱显得很突出。此时，若能有雨水降临，自然就显得特别宝贵，故有"春雨贵如油"之说。

但在东北和南方，这种说法就不太适用。这是因为，第一，南方春天下雨的机会较多。第二，东北地区虽然春雨也少，其降水量的 2/3 集中在 6~8 月，但东北冬季漫长，地面积雪厚，山地积雪厚达 40~50 厘米，平原一般厚达 20 厘米。并且其冬季气温低，蒸发量小，积雪像水库一样，把冬季降水的大部分积存下来。这样，第二年春季积雪消融，正值春播开始，雪水便成为稳定的水源，故东北也无春旱现象。

彩虹为什么多出现在夏天？

　　这主要是因为夏天常常下雷阵雨或阵雨，这些雨的范围不大，往往是这边天空在下雨，那边天空仍闪耀着强烈的阳光。雨过以后，天空还漂浮着许多小水滴，当太阳光通过这些小水滴时，经过反射和折射作用，天空中美丽的彩虹就出现了。

　　冬天，天气一般较冷，空气干燥，下雨机会少，阵雨就更少，多数是降雪，而降雪是不会形成虹的，所以冬天不大会出现虹。但在极少的情况下，天空中具有形成虹的适宜条件时，也有可能出现虹。

彩虹

彩虹为什么是弯的?

一片水雾中的每一个小水滴都可以形成折射,但是对于地面上的观察者而言,符合条件,也就是满足将折射后的光线能被观察者看到的水滴,都只分布在以观察者眼睛为圆心的一个同心圆上。当观察者位置做出一定改变的时候,这些符合条件的水滴的位置也发生了变化,但仍保持在同心圆上。所以,我们看到的彩虹总是弯曲的,并且呈现在我们眼前的必定是一个正圆的一部分弧。

夜晚有彩虹吗?

彩虹是由空中雨滴像三棱镜那样折射分解阳光而形成的,所以彩虹通常在白天有太阳的时候出现。然而,令人惊异的是,夜间的天空,也会出现彩虹,不过不是白天的日虹,而是月虹!

和白天的日虹一样,晚上的月虹的形成也需要光源。虽然夜间没有太阳,但如果有明亮的月光,大气中又有适当的云雨滴,便可形成月虹。由于月亮反射太阳光,所以月光也由赤、橙、黄、绿、青、蓝、紫这七种可见的单色光组成,折射出的月虹也是彩色的。不过,月光毕竟比阳光弱得多,因此形成的月虹没有日虹那么明亮。

闪电的产生

如果我们在两根电极之间加很高的电压，并把它们慢慢地靠近，它们靠近到一定的距离时，在它们之间就会出现电火花，这就是所谓"弧光放电"现象。

雷雨云所产生的闪电，与这种"弧光放电"非常相似，只不过闪电是转瞬即逝，而电极之间的火花却可以长时间存在。因为在两根电极之间的高电压可以人为地维持很久，而雷雨云中的电荷经放电后很难马上补充。

当雷雨云聚集的电荷达到一定的数量时，在云内不同部位之间或者云与地面之间就形成了很强的电场。电场强度平均可以达到几千伏特/厘米，局部区域可以高达1万伏特/厘米。这么强的电场，足以把云内外的大气层击穿，于是在云与地面之间或者在云的不同部位之间以及不同云块之间激发出耀眼的闪光。这就是人们常说的闪电。

如何判断雷暴距离有多远？

狂风、暴雨和乌云覆盖可能是雷暴闪电即将来临的征兆。判断雷暴何时到达，最简单方法是：当听到雷声时，通过计算与看见闪电的间隔时间长短来判断其所处位置与落雷的距离。由于光速比声速大约快100万倍，所以，在闪电与伴随的雷声之间，会有一定的时间差。如果看见闪电后和听见雷声之间，时间间隔5秒钟，表示雷击发生在离自己约1.5千米左右的位置；如果是1秒钟，也就是一眨眼的时间就听见雷声，说明雷击位置就在你附近300米处。当遇到雷暴天气时，你可以记住每次听到雷声与看见闪电的时间间隔是越来越长，还是越来越短，以此来判断雷暴是逐渐远离而去，还是即将遭受雷击。

雷雨天气时人为什么不要站在大树下？

　　雷电对停留在树底下的人们的危害有三种形式：当人体与大树接触，强大的雷电流流经树干时产生的高电压会把人击倒，这通常称为接触电压伤害。其次是人虽没有与大树接触，但雷电流流经大树干时产生很高的电压足以通过空气对人体进行放电而造成伤害，通常称为反击伤害。再就是人虽没有与大树直接接触，也距大树有一定距离，但由于站在大树底下，当强大的雷电流通过大树流入地下向四周扩散时，会在不同的地方产生不同的电压，而人体站立的两脚之间存在着电位差，因而有电流流过人体造成伤害，这通常称为跨步电压伤害。

　　此外，由于雷暴的放电对象具有选择性，雷电流总是选择距离最近，最易导电的路径向大地泄放，即容易对发生区域内最高的物体放电，因此在一个空旷的地方，树、人往往都是最高的，所以往往就会被雷电击中。因此，空旷的田野、沙滩、海面甚至足球场、高尔夫球场，在雷暴天气里都是非常危险的地方。

避雷针为什么能避雷？

当雷电发生时，装置避雷针是避免雷击的有效方法。在房屋最高处竖一根金属棒，棒下端连一条足够粗的铜线，铜线下端连一块金属板埋入地下深处潮湿处。金属棒的上端须是一个尖头或分叉为几个尖头。有了这样的装置，当空中有带电的云时，避雷针的尖端因静电感应就集中了异种电荷，发生尖端放电，与云内的电相中和，避免发生激烈的雷电。但这种作用比较慢，如果云中的积电很快，或是一块带有大量电荷的云突然飞来，有时就会来不及按上述方式中和，于是就有强烈的放电，此时雷电仍会发生。但这时由于避雷针高过周围物体，它的尖端又集中了与云中的积电异号的电荷，如果雷电是在云和地面物之间发生，放电电流主要通过避雷针流入大地，因此，不会打在房屋或附近人的身上，只会打在避雷针上了。所以，一方面，避雷针的尖端放电作用会减少地面物与云之间打雷的可能性；另一方面，到了不可避免时，它自己就负担了雷的打击，使房屋与人得到了安全。

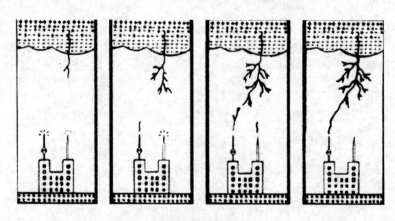

避雷针工作原理图

闪电为什么总是蜿蜒曲折的?

　　这主要是因为当云和云碰撞产生雷电时,空气中的水分子分布不是直线的。美国国家气象局的科学家认为,每当暴风雨来临,雨点即能获得额外的电子。而电子是带负电的,这些电子会追寻地面上的正电荷。额外的电子流出云层后,要碰撞别的电子,使别的电子也变成游离电子,因而产生了传导性轨迹。传导的轨迹会在空气中散布着不规则形状的带电离子群中间跳跃着迂回延伸,而一般不会是直线延伸。所以,闪电的轨迹总是蜿蜒曲折的。

闪电

雷电为什么多集中在春夏季节？

雷电是雷雨云中的放电现象。形成雷雨云要具备一定的条件，即空气中要有充足的水汽，要有使湿空气上升的动力，空气要能产生剧烈的对流运动。春夏季节，由于受南方暖湿气流影响，空气潮湿，同时太阳辐射强烈，近地面空气不断受热而上升，上层的冷空气下沉，易形成强烈对流，所以多雷雨，甚至降冰雹。

而冬季由于受大陆冷气团控制，空气寒冷而干燥，加之太阳辐射弱，空气不易形成剧烈对流，因而很少发生雷阵雨。但有时冬季天气偏暖，暖湿空气势力较强，当北方偶有较强冷空气南下，暖湿空气被迫抬升，对流加剧，也会形成雷阵雨，出现所谓"雷打冬"的现象。此外，雷暴的产生不是取决于温度本身，而是取决于温度的上下分布。也就是说，冬天虽然气温不高，但如果上下温差达到一定值时，也能形成强对流，产生雷暴。

为什么我们总是先看到闪电后才听到雷声？

在夏天经常出现雷电交加的现象，而且总是闪电过后几秒至十几秒才听到雷声。这是为什么呢？雷电是云层在运动过程中产生的电荷在放电时产生的电火花，既有光也有声。实际上闪电和雷声是同时出现的，而我们之所以先看到闪电后听到雷声，是因为在空气中，光每秒钟要传播 300 万千米，而声音在空气中只能 1 秒钟传播 0.34 千米。声速只有光速的九十万分之一。光的传播速快，很快就能到达地面，而声音在空气中的传播速度慢，过一会儿才会传到大地上来。所以就会先听看到闪电后听到雷声了。雷声遇到云层或高大的建筑物后要产生反射，所以一个闪电后雷声一般要持续一段时间才会消失。

雷雨前为什么天气很闷热呢?

当天气非常闷热时,人们往往会说:"可能要下雷阵雨了。"为什么雷雨前天气会闷热呢?

出现雷雨天气需要具备两个条件:一是地面温度要高;二是大气湿度要大。地面高温,靠近地面空气的温度能上升得很高,气温升高后会轻轻地浮向高空,但如果只是热,而空气却很干燥,雷雨也不会发生。因为只有湿度大的空气上浮到了高空,遇到凝结核,才会形成雷雨云。天空中有了雷雨云,才可能有雷雨发生。而天气热,空气中的水汽多,人身上的汗就不容易消散,我们就会感到十分闷热。这就如同我们在温度高,水汽多的浴室里洗澡,感到又热又闷的道理是一样的。所以闷热是大气里水汽多、温度高的表现,也是雷雨发生的预兆。不过有时候虽然天气十分闷热,但却落不下雷雨来,这是因为夏天雷雨的范围比较小且不确定,雨可能落在了别处。

"瑞雪兆丰年"

"瑞雪兆丰年"是一句流传比较广的农业谚语,意思是说冬天下几场大雪,是来年庄稼获得丰收的预兆。为什么会这样呢?

原来,冬季天气冷,下的雪往往不易融化,盖在土壤上的雪是比较松软的,里面藏了许多不流动的空气,空气是不传热的,这样就像给庄稼盖了一条棉被,外面天气再冷,下面的温度也不会降得很低。等到寒潮过去以后,天气渐渐回暖,雪就慢慢融化了。这样,非但保住了庄稼不受冻害,而且雪融下去的水留在土壤里,给庄稼积蓄了很多水,对春耕播种以及庄稼的生长发育都很有利。同时,化雪的时候,要从土壤中吸收许多热量,使土壤变得非常寒冷,温度降低许多,这样,害虫就会冻死。此外,大雪还能为土壤增添肥料。雪中含有很多氮化物,在融雪时,这些氮化物被融化的雪水带到土壤中,成为土壤的好肥料。所以说,冬季下几场大雪后,是来年庄稼丰收的预兆。

雪对人体健康有哪些益处?

　　雪对人体健康有很多好处。《本草纲目》早有记载,雪水能解毒,治瘟疫。民间有用雪水治疗火烫伤、冻伤的单方。经常用雪水洗澡,不仅能增强皮肤与身体的抵抗力,减小疾病,而且能促进血液循环,增强体质。如果长期饮用洁净的雪水,可益寿延年。这也是那些深山老林中长寿老人长寿的"秘诀"之一。雪为什么有如此奇特的功能呢?因为雪水中所含的重水比普通水中重水的数量要少1/4。重水能严重地抑制生物的生命过程。有人做过试验,鱼类在含重水30%~50%的水中很快就会死亡。

中国雪乡大海林

雪花的形状

这和水的结晶习性有关。天然水冻结的冰和大气中水汽凝华结晶的雪，它们的结晶学特性，都属于六方晶系。六方晶系具有四个结晶轴——一个主轴加上三个辅轴。三个辅轴分布在同一个平面上，互相以六十度的角度对称相交。主晶轴就从三个辅轴的交点上引申出来，并垂直于辅轴所构成的平面。六方晶系最典型的代表就像是几何学上的一个正六面柱体。

当水汽凝华结晶的时候，如果主晶轴比其他三个辅轴发育缓慢，并且较短，那么，雪的形状就成为六角形雪片，要是主晶轴发育很快，延伸较长，那么，雪的形状就成为六棱柱状。大气层里的温度，对雪花的形状起着很大的作用。温度高，容易产生六角形雪片，温度低，则往往容易产生柱状雪晶。根据许多科学家的观测研究，大气层温度在 –25℃ 以下时，雪的形状多数是主晶轴发育的六棱柱状；温度在 –25℃ ~ –15℃ 时，雪的晶体大多是六角形雪片；温度在 –15℃ ~ 0℃ 时，天空里降落的则多数是美丽的六角星形的雪花。

雪花晶体

冰冷的雪为什么具有保温的作用呢?

这是因为空气是不良导体的缘故。任何一个物体，它本身都能通过热量，这种能够通过热量的性能，称作物体的导热性。在自然界常见的几种物质中，空气的导热性最差。所以物体里容纳的空气越多，它的导热性就越差。由于积雪里所能容纳的空气量变化幅度较大，因此，积雪的导热系数变化幅度也较大。一般刚下的新雪孔隙大，保温效应最好，到春天融雪后期，积雪为水所浸渍，这时它的导热系数就更接近于水了，积雪的保温作用便趋于消失。

霜的形成

霜的形成与所附着的物体的属性有关。当物体表面的温度很低，而物体表面附近的空气温度却比较高，那么在空气和物体表面之间有一个温度差。如果物体表面与空气之间的温度差主要是由物体表面辐射冷却造成的，则在较暖的空气和较冷的物体表面相接触时空气就会冷却，达到水汽过饱和的时候多余的水汽就会析出。如果温度在 0°C 以下，则多余的水汽就在物体表面上凝结为冰晶，这就是霜。霜总是在有利于物体表面辐射冷却的天气条件下形成。由于云对地面物体夜间的辐射冷却有妨碍作用，所以天空有云时不利于霜的形成，因此，霜大都出现在晴朗的夜晚，也就是地面辐射冷却强烈的时候。此外，风对于霜的形成也有影响。有微风的时候，空气缓慢地流过冷物体表面，不断地供应着水汽，有利于霜的形成。但是，风大的时候，由于空气流动得很快，接触冷物体表面的时间太短，同时风大的时候，上下层的空气容易互相混合，不利于温度降低，从而也会妨碍霜的形成。大致说来，当风速达到3级或3级以上时，霜就不容易形成了。因此，霜一般形成在寒冷季节里晴朗、微风或无风的夜晚。

霜和霜冻的区别

霜和霜冻是秋冬季节的天气现象。

霜是由于贴近地面的空气受地面辐射冷却的影响而降温到霜点。即气层中地物表面温度或地面温度降到零度以下，所含水汽的过饱和部分在地面一些传热性能不好的物体上凝华成的白色冰晶。其结构松散。一般在冷季夜间到清晨的一段时间内形成。形成时多为静风。霜在洞穴里、冰川的裂缝口和雪面上有时也会出现。

霜冻多在春秋转换季节，白天气温高于摄氏零度，夜间气温短时间降至零度以下的低温危害现象。既农业气象学中是指土壤表面或者植物株冠附近的气温降至零度以下而造成作物受害的现象。出现霜冻时，往往伴有白霜，也可不伴有白霜，不伴有白霜的霜冻被称为"黑霜"或"杀霜"。晴朗无风的夜晚，因辐射冷却形成的霜冻称为"辐射霜冻"。冷空气入侵形成的霜冻称为"平流霜冻"。两种过程综合作用下形成的霜冻称为"平流辐射霜冻"。无论何种霜冻出现，都会给作物带来或多或少的伤害。

雾与霾的区别

注意收听、收看天气预报的朋友，一定常会听到、看到这样的字眼："某地有雾或霾"。那么什么是雾，什么又是霾？

"雾"是由大量的细小水滴或冰晶悬浮在近地气层中，使空气混浊、能见度变坏的水汽凝结现象。"霾"现象，是城市大气中大量细小的污染物颗粒在一定的天气形势下无法扩散，堆积在城市近地面的空气中所形成的，表现出来就是空气质量差，能见度严重下降，天空显得灰蒙蒙的。

一个是水，一个是尘。一般来讲，雾和霾的区别主要在于水分含量的大小：水分含量达到90%以上的叫雾，水分含量低于800%的叫霾。80%~90%之间的，是雾和霾的混合物，但主要成分是霾。就能见度来区分：如果目标物的水平能见度降低到1千米以内，就是雾；水平能见度在1千米~10千米的，称为轻雾；水平能见度小于10千米，且是灰尘颗粒造成的，就是霾或灰霾。另外，霾和雾还有一些肉眼看得见的"不一样"：雾的厚度只有几十米至200米，霾则有1千米~3千米；雾的颜色是乳白色、青白色，霾则是黄色、橙灰色；雾的边界很清晰，过了"雾区"可能就是晴空万里，但是霾则与周围环境边界不明显。